Le Boa

Comment Vincent Bolloré m'a avalé

Du même auteur

Bienvenue, Mister Z, Philippe Rey, 2017

Battling Siki, Philippe Rey, 2008

Chercheurs d'or, Philippe Rey, 2004

Une fée maladroite, Gallimard, 1999

Les heures blanches, Gallimard, 1982

Jean-Marie Bretagne

Le Boa

Comment Vincent Bolloré m'a avalé

Philippe Rey

7, rue Rougemont – 75009 Paris
www.philippe-rey.fr

À Sylvaine et Christian,
mes journalistes de parents

« Car le serpent python a faim
Il a une faim sans fin ! »

« Le serpent python », Charles Trenet

Avertissement

Ce récit est un témoignage relatant l'absorption d'une entreprise, Prisma Media, par un empire industriel et financier aux méthodes controversées, Vivendi. Pendant deux ans, j'ai vécu cette histoire au jour le jour, au milieu des salariés de Prisma – j'étais l'un d'entre eux. Les anecdotes et les événements que je relate ici sont tirés de cette expérience quotidienne. Je les raconte tels que je les ai éprouvés, de façon forcément subjective.

Certains protagonistes issus de la constellation Vivendi qui peuplent ce récit sont bien connus : par exemple Vincent Bolloré, son fils Yannick, Cyril Hanouna, Éric Zemmour ou encore Jean-Marc Morandini. Ce sont des personnages publics, et même médiatiques. Je n'avais pas de raison de changer leurs noms, d'autant que les portraits que j'en fais sont corroborés par des dizaines et des dizaines de coupures de presse, de livres et d'émissions que j'ai consultés et que je cite largement.

En revanche, je n'ai pas repris les noms réels des salarié·e·s de Prisma figurant dans mon livre. J'ai choisi de modifier tous les patronymes des rédacteurs en chef, managers, représentants du personnel, etc. D'abord parce que je respecte leur anonymat. Mais surtout parce que ces personnages ont évolué, à la marge, au fil de mon récit, aucun d'eux n'étant la copie conforme d'un ou d'une salarié·e réel·le de Prisma, mais plutôt une forme d'incarnation de leurs postes. Ces personnages apparaissent avec un prénom et une initiale fictifs.

On ne peut pas recopier la réalité au mot près, encore moins au nom près. On peut en revanche en restituer l'esprit aussi fidèlement que possible, et c'est ce que j'ai voulu faire.

Et maintenant, que le rideau s'ouvre sur l'univers enchanté de Vincent Bolloré !

Hiver 2020

I
L'annonce faite à Jean-Marie

Nous sommes 1 100 salariés et Bolloré nous a croqués d'un coup de dent, comme un morceau de sandwich. Voilà l'image qui m'est immédiatement venue en y pensant. Un article, paru dans le magazine *Le Point*, a relaté cet épisode. En décembre 2020, dit-il, Vincent Bolloré s'est porté acquéreur du groupe de presse Prisma Media. Il a fêté ça « en dévorant un énorme cheeseburger… » Avec ce rictus carnassier qui a fait sa légende – et peut-être un bout de laitue coincé entre les incisives…

« Il ne l'emportera pas au paradis », a commenté mon amie Édith D. en apprenant la nouvelle. Édith est journaliste chez Prisma Media, comme moi, mais elle est plus jeune. Elle est prête au combat ! Rien ne lui fait peur… Elle a ajouté un de ces aphorismes dont elle a le secret : « Même les hyènes attrapent des caries ! » Où va-t-elle chercher tout ça ? Au bureau, quand elle regarde par la vitre et qu'une rêverie l'entraîne, Édith a parfois un petit mouvement de menton, genre : « Venez-y, venez me chercher, essayez donc ! » Comme si elle défiait ses fantômes… Attention les feux follets, méfiez-vous : à la pause du déjeuner, pour se détendre, Édith prend des cours de karaté dans un dojo du quartier. À votre place, je ne m'y risquerais pas… L'ombre portée de notre nouveau patron ne l'intimide pas.

Pour moi, c'est différent. L'avenir m'a déjà dépassé. J'approche de la retraite. Un actionnaire ou un autre… me suis-je dit en apprenant notre rachat – et imperceptiblement, j'ai baissé les bras. Ça n'allait pas m'empêcher de partir en week-end, de goûter une exposition, d'embrasser mes enfants… Pourtant, peu de temps après, j'ai croisé les yeux de Vincent Bolloré sur une couverture de magazine, dans un kiosque à journaux, et son regard triomphant m'a donné le vertige. « Il a fêté ça en mangeant un cheeseburger », me suis-je rappelé. C'était comme si ma vie, soudain, ne m'appartenait plus. Il s'en était emparé. Je suis sorti de l'échoppe le souffle court, penché en avant, on aurait dit que j'avais été touché au foie par un boxeur. Battling Bolloré.

Puis je me suis redressé. Je dois montrer l'exemple. Les autres me regardent. J'ai un rôle à tenir. Je suis secrétaire du Comité social et économique (CSE), l'instance représentative du personnel de l'entreprise. Le CSE réunit dix-huit membres – et dix-huit suppléants –, élus tous les trois ans par les salariés. En nous choisissant, ils ont placé d'immenses espoirs en nous – beaucoup plus grands que je ne le croyais quand j'ai accepté cette charge. Nous sommes là pour les défendre, en toute circonstance, contre vents et marées, contre les licenciements, les harcèlements, et toutes les misères de la vie en entreprise. Quand l'un d'entre eux est persécuté par un supérieur, ou se voit refuser depuis trop longtemps une augmentation, il se tourne vers nous.

Littéralement. Souvent, je me fais arrêter dans les couloirs par un collègue. Peu lui importe que je sois occupé, que je m'apprête à manger, ou même déjà en train de porter un sandwich à mes lèvres, il se plante devant moi et vide son sac. Pourquoi la mutuelle a-t-elle oublié de lui rembourser une consultation médicale ? Pourquoi un congé lui a-t-il été refusé par son chef ? Petites et grandes humiliations mêlées, bouillie de vie, bouillie de légumes… Même si je suis pressé, ce dont mon interlocuteur se fiche éperdument, je hoche la tête, partage ses indignations, promets de chercher des solutions. Je fais l'important, prends des airs de parrain, comme si mes pouvoirs étaient démesurés. En fait, en tant qu'élu du personnel, ils sont quasiment nuls – mais je ne peux pas l'avouer, sans quoi il n'y aurait plus qu'à abandonner les salariés aux questions sans réponse, à l'arbitraire, au désespoir. Nous sommes leur dernier recours.

Un jour, une journaliste que je connais à peine me happe devant la machine à café et me dit : « Mon propriétaire me met à la porte. Dans trois mois, je suis expulsée. » Ses yeux sont hagards. Moi-même, tandis que sa phrase atteint mon cerveau, j'ai bientôt la tête qui bourdonne. Je lui réponds machinalement que je vais me renseigner sur les appartements à loyer modéré auxquels elle peut avoir droit. La journaliste se détend peu à peu… Je lui souris, je me veux rassurant. Pourtant, je sais pertinemment que la nouvelle règle d'attribution de ces logements sociaux, qui désavantage les grandes entreprises, ne lui laisse quasiment aucune chance d'en bénéficier.

Pourquoi, alors, lui mentir ? Pour gagner du temps sur l'adversité. Pendant qu'elle reprend espoir, et sans qu'elle le sache, nous menacerons la direction d'un scandale si elle ne fait rien. Nous envisagerons une pétition des employés pour soutenir leur collègue menacée. Nous chercherons à joindre l'organisme qui gère l'aide au logement, même s'il répond au téléphone une fois sur mille. Et de tous ces efforts désordonnés jaillira peut-être une solution. La direction a sans doute une ligne directe, un contact secret qui lui permettra d'obtenir un appartement auprès du fameux organisme. Ou tout simplement peut-être la salariée trouvera-t-elle un nouveau toit de son côté. Parfois – souvent – toutes nos démarches sont vaines, mais ça ne nous empêchera pas de recommencer dès le cas désespéré suivant.

Il y a deux ans, quand j'étais encore un représentant du personnel novice, j'aurais probablement répondu à cette malheureuse qu'il n'y avait rien à faire, que le 1 % patronal, grâce auquel on obtenait jadis des logements bon marché, avait été détraqué par une série de mesures administratives ineptes. Heureusement, un élu plus chevronné, Max V., m'a fait comprendre que je n'étais pas là pour donner des cours de lucidité aux salariés. « Ça, m'a-t-il dit calmement, c'est le boulot de la CFDT. À la CFDT, on explique, à la CGT, on s'oppose. » C'est caricatural, mais assez juste. Nos « camarades » de la CFDT ont tendance à trouver des excuses à la direction, à la réalité, à la marche du monde. Une méchante blague prétend que, le jour où l'on rétablira l'esclavage, la CFDT négociera le poids des chaînes… Voilà pourquoi, sans doute, malgré la déplorable image que la direction tente de donner d'elle, la CGT, en alliance avec le SNJ (Syndicat national des journalistes, un syndicat catégoriel), a toujours remporté les élections du personnel et se trouve donc majoritaire chez Prisma Media.

Dans les jours qui suivent l'annonce de notre rachat par Vivendi, en marchant dans les couloirs, je sens les yeux de mes camarades de travail fixés sur moi, interrogatifs, inquiets. Ils aimeraient savoir ce que nous allons devenir, ce que Bolloré va faire de nous. J'arbore donc un sourire entendu, un peu bravache. Gagner du temps, toujours gagner du temps…

Revenons quelques jours en arrière. L'irruption du milliardaire dans nos 1 100 vies a d'abord été un secret que j'ai trimballé sans le savoir, comme ces valises bourrées de drogue qu'un inconnu vous confierait, à votre insu, à l'aéroport… Tout a commencé un dimanche. Ce soir-là, mon téléphone sonne pendant que je regarde un film policier. Le nom de Nathalie S., la directrice adjointe et DRH de Prisma Media, apparaît sur le combiné. Que me veut-elle, en plein week-end ? En tant que secrétaire du comité d'entreprise, elle doit m'avertir en premier quand il se passe quelque chose d'important. Je décroche…

– Bonjour, Jean-Marie, me dit-elle, je ne vous dérange pas ?

– Non, non, Nathalie, pas du tout. Vous allez bien ?

Cependant, j'ai du mal à l'écouter. J'ai coupé le son de la télé, mais je n'arrive pas à en détacher les yeux. Nathalie m'a appelé à un moment palpitant du film ! Sur l'écran, la jeune héroïne embrasse son amoureux, un détective, et lui caresse la joue. Puis elle fouille dans son sac à main en le regardant d'un air bizarre.

– Mais ouiii, très, très bien, Jean-Marie… Je me permets de vous appeler car nous avons une communication à faire aux élus.

– Aah ?! lâché-je en sursautant.

Mon cri n'a rien à voir avec ce qu'elle me raconte : dans le film, la belle jeune femme au regard velouté vient de sortir un revolver de son sac et de tirer sur son amant. Il la dévisage, incrédule, tout en tentant de retenir entre ses doigts le sang qui coule de son ventre.

– Ce n'est rien de grave ! précise aussitôt la directrice, croyant qu'elle m'a inquiété. Juste une modification technique qui a trait à l'organisation de l'entreprise. Rien qui puisse empêcher les salariés de passer de bonnes vacances de Noël, croyez-moi ! Mais je ne peux pas vous en dire plus, navrée, Jean-Marie !

J'écarte le téléphone de mon oreille, gêné. Je ne me suis jamais habitué à ces marques de familiarité, pourtant purement formelles, dont elle me gratifie parfois – et qui sont censées illustrer l'excellent état du dialogue social dans notre entreprise.

– Je convoque donc une séance extraordinaire du CSE mercredi prochain, le 23 décembre, à 8 h 30, conclut-elle. Vous pouvez d'ores et déjà en informer les élus.

« Une modification technique qui a trait à l'organisation de l'entreprise »... Sitôt le film terminé – et son héroïne envoyée sous les verrous –, j'appelle mon ami Max V. Ce délégué CGT est le leader véritable du CSE – il m'en a fait nommer secrétaire par stratégie politique, pour ne pas trop se mettre sur le devant de la scène. J'ai comme toujours besoin de ses éclaircissements.

– Qu'en dis-tu, Maximilien ?

Je lui ai donné ce surnom, car il est d'extrême gauche et porte des lunettes cerclées, tel Robespierre. Méticuleux comme le fameux Montagnard, il me demande de lui répéter exactement les paroles de la directrice, ce que je fais.

– Elle avait l'air contente, au téléphone, précisé-je.

– Alors Bill est viré, dit Max en riant. C'est ça, la fameuse « modification technique ». L'« Impatiente » est enfin récompensée !

De façon peut-être un peu facile, je suspecte Nathalie de convoiter le fauteuil de notre actuel pédégé, Bill R. Aussi lui ai-je trouvé ce surnom. Nos dirigeants me font souvent l'effet de grands enfants. Ils passent leur temps à se jalouser, à se voler leurs places, à se glisser des peaux de banane sous les semelles. Entre leurs mains agitées, Prisma est comme un jouet fragile. Pendant ce temps-là, nous autres salariés assurons vaille que vaille, en tremblant, la bonne marche de cette entreprise, et la parution des journaux qui garantissent sa prospérité. À chacun son métier. Comme le disait si bien Lacenaire dans *Les enfants du paradis*, il faut de tout pour faire un monde, ou pour le défaire…

Un détail chiffonne Max.

– Elle t'a dit pourquoi elle convoque le comité si tôt ? me demande-t-il soudain. C'est bizarre, 8 h 30… D'habitude, c'est à 9 h 30.

J'avoue que je n'en sais rien. Max raccroche et je l'imagine analysant la situation, le front plissé par la concentration. Son explication sur la mise à l'écart du numéro 1 le convainc à moitié. Toute la soirée, puis la nuit, il va se retourner dans son lit, s'agacer, interrogeant tous les moutons de son insomnie. Bon sang, que cache cette fichue réunion ? Deviner à l'avance les mauvais tours de la direction, c'est sa vocation, son orgueil… Même s'il ne peut rien y changer, ou pas grand-chose, il veut au moins savoir ce qui nous arrive – pour être un jouet récalcitrant…

Trois jours passent et, mercredi matin, nous nous retrouvons au comité extraordinaire. Par mesure sanitaire, à cause de l'épidémie de Covid qui sévit en cet hiver 2020, nous sommes réunis en visioconférence, chacun chez soi derrière son ordinateur. Il y a là, en mosaïque, sur mon écran, les visages mal réveillés des dix-huit représentants titulaires du personnel, dont le mien – onze SNJ-CGT, six CFDT et une CGC – plus celui de Nathalie, l'Impatiente. À travers l'écran, ce matin-là, pas de cajoleries à mon égard : ses yeux verts sont durs comme des pierres. D'une voix sèche, plus du tout complice, elle me demande de faire l'appel des élus – c'est la règle. Puis elle commence à parler. Le silence s'épaissit comme de la glu.

– Je vais vous faire une déclaration et je ne la commenterai pas, prévient-elle.

Son regard se penche sur une feuille de papier. Soudain, mon téléphone vibre sur mon bureau. C'est un SMS de Max : « 8 h 30, avant la Bourse ! »

Je cherche son visage sur l'écran. Il a des poches sous les yeux mais arbore un sourire radieux, comme s'il avait deviné, *in extremis*. Mais deviné quoi ? « Avant la Bourse »... Je ne comprends rien à son message sibyllin.

– Notre maison mère, la société Bertelsmann, commence Nathalie, a décidé d'engager des négociations exclusives en vue de céder l'intégralité des parts qu'elle détient dans notre entreprise, Prisma Media, au groupe...

Elle marque un temps d'arrêt et renverse la tête en arrière, faisant voler comme dans une publicité pour shampoing ses longs cheveux noirs. Elle savoure une dernière seconde la volupté d'être seule à savoir. Mon téléphone vibre de nouveau. « BOLLORÉ !!! » m'écrit Max en capitales, comme s'il hurlait. Sur l'écran, il se frappe ostensiblement le front avec le plat de la main pour me dire : eurêka !

– ... au groupe Vivendi, poursuit l'Impatiente.

Hormis Max, qui a juste eu le temps de deviner et d'esquiver le coup, nous sommes tous sonnés. Nous sommes vendus à Vivendi. Nous voilà, chacun chez soi, précipités dans un abîme. Je romps le silence.

– Nathalie, vous m'avez dit, en convoquant le CSE, qu'il s'agissait d'une « modification technique ». Que les salariés pourraient partir en vacances tranquilles. Je peux vous assurer qu'ils vont passer un drôle de Noël !

Nathalie soupire et lève les yeux au ciel, rêveuse. Elle ne me répond pas. Je suis vraiment trop naïf. Avec ses longs cheveux et son regard buté, elle ressemble soudain à l'héroïne du polar de la télé. Elle me fixe, à travers l'écran, semblant me dire : tu sais, ça n'a rien de personnel, je ne te veux aucun mal…

La réunion s'achève. Max m'appelle pour faire le point. Il résume posément le déroulement des opérations. L'Impatiente nous a convoqués à 8 h 30 parce que la Corbeille ouvre à 9 heures, a-t-il soudain compris.

– Ainsi, j'ai deviné qu'on était vendus à une société cotée en Bourse ! conclut-il presque gaiement. Et ça ne pouvait être que Vivendi, tu sais pourquoi ?

Max aime bien se montrer pédagogue, façon marxo-socratique.

– Ces derniers temps, poursuit-il, Bolloré a loupé l'achat de plusieurs titres de presse qui l'intéressaient, comme *Le Journal du Dimanche*… Alors il s'est consolé avec Prisma. Ça n'est pas plus compliqué que ça.

– Bien joué, Maximilien !

Je fais mine de rire mais, lorsque je raccroche, le déclic du téléphone lâche un craquement sinistre dans ma tête. Et un silence de mauvais augure m'envahit. Autant le dire tout de suite, Vincent Bolloré, patron de la nébuleuse Vivendi, a une réputation de tyran. J'allume ma télé et soudain, par coïncidence, un portrait de lui apparaît sur l'écran avec, comme légende : « Le Petit Prince du CAC 40 ». Il a les cheveux blancs soigneusement peignés, avec l'éternel sourire crispé qu'on lui voit sur ses rares photos. Je me plante devant l'écran et, en pensée, lui demande :

– Que vas-tu faire de nous ?

Comme s'il réagissait à ma question, son sourire s'injecte d'un mélange d'agacement et d'inquiétude. Peut-être n'y avait-il même pas pensé avant de nous acheter.

Alors que son ombre pointe sur ma vie, j'essaie, les jours suivants, de faire connaissance avec Bolloré. Je consulte des articles, des biographies racontant son histoire, des interviews qu'il a données… En pointillé, j'y décèle une certaine forme de violence. Ainsi, dans le quotidien *Libération*, en mars 1999, une journaliste raconte une rencontre avec le milliardaire breton, dans la tour de Puteaux qui abrite ses bureaux. Au cours de leur échange, il attrape une photo dans son étagère, pour la lui montrer. On y voit un homme se faire avaler par un serpent, dans la jungle. Il avait eu le malheur de s'endormir, soupire l'industriel… C'est quoi, la leçon ? Dans la vie, on avale ou on est avalé ? Dans ce cas, Vincent Bolloré a choisi son camp – d'où le surnom qui lui est né, peut-être à la suite de cet article : le Boa. Mieux vaut ne pas s'endormir dans ses parages…

Dans nombre d'entreprises où il s'est installé, de Havas à Canal+, Vincent Bolloré a procédé presque immédiatement à des licenciements. Certes, il n'est pas le premier patron à avoir agi ainsi, mais lui l'a fait, d'après tout ce que je lis, avec une frénésie singulière. Chez Canal+, racontent Raphaël Garrigos et Isabelle Roberts dans leur enquête « L'Empire » (parue sur le site lesjours.fr), la directrice des ressources humaines vire sur son ordre le directeur de la chaîne, Rodolphe Belmer, le vendredi 3 juillet 2015, comme un pestiféré. Dès le lundi 6, son badge d'entrée dans l'entreprise est désactivé, il n'a même plus accès à son bureau. « C'est un sale gars », aurait commenté laconiquement Bolloré. L'erreur de Belmer serait d'avoir défendu l'émission des Guignols, connue pour donner de l'urticaire à son patron, car elle cible fréquemment son ami Sarkozy…

Les mois qui passent ne calment pas le Boa. Le 3 septembre 2015 il se déplace en personne pour diriger un « comité de management » de Canal+ où sont conviés une centaine de ses cadres dirigeants. « J'espère que vous avez passé un bon été, leur dit-il, et que vous n'avez pas eu trop peur des purges possibles[1]. » Puis une petite vingtaine de participants apprennent, indirectement, qu'ils vont être remerciés. Indirectement, car Vincent Bolloré ne prononce pas leurs noms mais ceux… de leurs futurs remplaçants.

Un violent, donc, me dis-je en m'endormant… Un énervé. Un justicier expéditif. Toujours ce sanglant 3 septembre 2015 où il a fait valser les têtes chez Canal+, Bolloré a employé le mot « terreur » pour justifier son comportement. Il n'est pas mauvais qu'une « certaine terreur » règne au sein d'une entreprise, singulièrement parmi ses plus hauts cadres, a-t-il théorisé.

Rien ne l'arrêtera, pensé-je soudain, au fond de la nuit, dans mon petit appartement de Saint-Ouen. Ni les jérémiades de la presse, qui dénonce régulièrement ses méthodes brutales, ni les menaces des syndicats, qui lui promettent pétitions et grèves. Au contraire, même, je m'imagine que tout cela peut l'exciter, que tout ce qui l'entrave peut le déchaîner…

Un matin, alors que je ressasse ces réflexions, Max m'envoie un SMS. C'est une curieuse photo de lui, avec un bonnet sur la

1. Scène racontée par Raphaël Garrigos et Isabelle Roberts dans leur série « L'Empire », sur le site lesjours.fr. Ils se sont procuré l'enregistrement audio de ce « comité de management ». Ils ont aussi consacré un livre au milliardaire : *L'Empire : comment Bolloré a mangé Canal+*, Seuil/Les Jours, 2016.

tête, des lunettes d'aviateur et un couteau entre les dents. « Je suis prêt ! » l'a-t-il légendée.

Bolloré n'a qu'à bien se tenir, son jouet a plus d'un tour dans son sac…

II
Des goûts et des couleuvres

En 2008, à la suite d'un « incident technique », une émission consacrée à Nicolas Sarkozy se volatilise juste avant de passer sur la chaîne Direct 8. En 2009, un article sur la RATP s'évapore, quelques jours avant sa parution prévue dans le quotidien *Direct Matin*. En 2015, un documentaire consacré à la banque Crédit Mutuel, annoncé sur Canal+, est déprogrammé à son tour. Coïncidence ? Force est de constater, en tout cas, qu'à chaque fois ces sujets étaient censés critiquer des amis ou des partenaires économiques de Vincent Bolloré et devaient être diffusés dans des organes de presse lui appartenant, ou en passe de lui appartenir. Est-ce à cela que sert de posséder des médias ? À pouvoir en écarter des informations désagréables ?

Vincent Bolloré n'a jamais beaucoup aimé, semble-t-il, qu'on lui résiste. Il est entré dans les affaires, en 1981, en prenant la tête de la papeterie familiale, qui fabriquait le célèbre papier à cigarettes OCB. Avec l'aide de son mentor, le financier Antoine Bernheim, il s'est ensuite constitué un empire hétéroclite, investissant dans diverses sociétés, la SCAC, le groupe Rivaud, des nébuleuses aux activités diverses, fret maritime, banque, commerce du tabac – principalement sur le continent africain. Dans ces entreprises, Bolloré a fréquemment appliqué la même stratégie. Il s'est glissé dans leur capital comme un petit lézard inoffensif, achetant 1 ou 2 % des actions, puis il en a avalé patiemment d'autres, 5 %, 7 %, jusqu'à en devenir l'investisseur principal et s'installer aux commandes. Et ce pour la plus grande joie, bientôt, des autres actionnaires, petits ou grands, car Bolloré avait l'art de faire couler à flots les dividendes dans les sociétés dont il prenait la direction. Vers trente ans, il a acquis le doux surnom de « Petit Prince du cash flow ». S'il te plaît, dessine-moi des millions, lui susurraient ses associés. Il a reçu aussi en 1987 le titre de manager de l'année, décerné par le magazine *Le Nouvel Économiste*… Le grand public l'a découvert cette même année, dans une émission de télévision de Thierry Ardisson. Avec une évidente sympathie, l'animateur l'a présenté comme un industriel d'un genre nouveau, à la fois conquérant et idéaliste, efficace et chrétien – de par ses racines bretonnes. Le jeune entrepreneur avait déjà ce visage de premier de la classe, aux cheveux si bien peignés et au sourire inaltérable. Dressant son portrait, Ardisson lui a demandé quel principal défaut il se reconnaissait. « Je suis parfois trop gentil », a répondu le jeune manager d'une voix plaintive.

Là, tout de suite, il fallait se méfier. Lui mettre des bâtons dans les roues. La CGT devrait avoir une cellule destinée à repérer les jeunes entrepreneurs potentiellement nocifs et à les pourrir de pétitions, de grèves, à les étouffer dans l'œuf – avant que le boa perce sous le lézard. Un type qui se reconnaît la gentillesse comme pire défaut vous dit en fait qu'il n'en a aucun, et que vous n'avez pas intérêt à lui en trouver. Voilà ce qui crevait les yeux, sur l'écran télé, derrière son regard doucereux…

Il y en a un qui ne l'a pas trouvé trop gentil, c'est Martin Bouygues – patron de la société de BTP du même nom, mais aussi de la compagnie de téléphone Bouygues et de la chaîne de télévision TF1. En 1997, Bolloré acquiert en Bourse 8,7 % de son empire industriel. Puis – d'après les dires de Martin – appelle ce dernier pour lui assurer que son investissement est purement amical. Il n'a aucune intention de lui disputer la direction de l'entreprise. Mais, bientôt, à cette proposition d'armistice succède une guerre sans merci : les deux hommes vont s'affronter pendant plus de huit mois pour le contrôle de Bouygues. « Il m'a roulé, trompé, humilié », se plaindra Martin en 2013, lors d'une interview au magazine financier *Challenges*, après avoir finalement sauvé sa couronne.

En juillet 2004, rebelote, ou plutôt repoker : Bolloré achète 5 % des actions de l'agence publicitaire Havas. Le pédégé de celle-ci, Alain de Pouzilhac, est en vacances sur son yacht. Il reçoit, racontera-t-il, un coup de fil du financier breton qui lui donne du « cher ami », le tutoie, l'engage à ne pas s'alarmer de sa manœuvre boursière. Il n'ira pas plus loin, assure-t-il, sa prise de participation restera minoritaire. Il n'est là que pour profiter des fruits de cette belle entreprise, dirigée d'une main experte ! Cependant, les mois suivants, Bolloré acquiert 7, 8, 10 % de Havas… et finit par en prendre la tête en juillet 2005, évinçant Pouzilhac. Cette fois le boa a avalé sa proie, assoupie peut-être par ses compliments…

De la pub aux médias, il n'y a qu'un pas. Bolloré lance, en 2005, Direct 8, une chaîne de télévision modeste mais diffusée tout de même sur la TNT. En 2010 il rachète une autre chaîne, Virgin 17, à Lagardère – elle deviendra Direct Star. En 2014 il change d'échelle, prenant le contrôle de Vivendi, géant de la communication, et de ses différentes branches: Universal dans la musique, le groupe Canal+ pour la télévision et bientôt Gameloft dans les jeux vidéo. Editis, numéro 2 de l'édition française, est également avalé par Vivendi, et donc Bolloré, en 2019. Enfin, en décembre 2020 il se porte acquéreur de Prisma Media, leader de la presse magazine française. Le temps que la commission de la concurrence valide cette vente, au printemps 2021 ses 1 100 salariés seront à ses ordres. Et moi aussi.

À ses ordres: l'expression est bien choisie. Dans les médias dont il a pris le contrôle depuis 2005, Vincent Bolloré exigerait une obéissance sans faille: ses sujets seraient invités à appliquer ses directives ou à partir. Une filiale de Canal+, i-Télé – devenue depuis CNews –, en a fait l'apprentissage en 2016. Les journalistes de cette chaîne d'information se sont mis en grève pour défendre leur indépendance face à Bolloré, ou plutôt face à Serge Nedjar, son homme lige. Au bout de quatre semaines et demie, une trentaine ont quitté le navire. D'autres les ont rejoints, de guerre lasse, les mois suivants. En tout, quatre-vingt-dix-huit salariés sur cent quatre-vingts seraient partis d'i-Télé, les autres se soumettant à leur patron, pas plus impressionné que cela par cet exode…

Et nous, allons-nous bientôt manger de ce pain-là? Comme d'autres, verrons-nous nos articles passer à la trappe quand ils déplaisent à Vivendi, et devrons-nous passer à la porte si nous faisons des remous? Nous vivons dans cette hantise, depuis l'annonce de notre rachat. En ce mois de février 2021, avant la cession effective de Prisma Media au Boa, nous décidons donc de réclamer à notre direction, toujours en place, l'adoption d'une charte de déontologie. Précisant les droits et les devoirs des journalistes, mais aussi les limites d'intervention de leurs patrons, ces chartes sont censées servir de garde-fous. De nombreuses rédactions parisiennes s'en sont déjà dotées. Grâce à elles, la liberté de la presse est mieux protégée. Une charte, donc, et nous garderons intacte notre probité !

Enfin ça, c'est la théorie, car si nous voulons être honnêtes jusqu'au bout – et c'est précisément l'enjeu –, un certain contrôle éditorial affleurait déjà, avant même l'arrivée de Vincent Bolloré, dans nos titres comme chez ceux de nos concurrents. Simplement cela se déroulait sans drame, à bas bruit.

J'en ai fait personnellement l'expérience. C'était en 2011, je travaillais déjà chez Prisma Media, où j'avais en charge la réalisation d'un petit magazine, *Géo Histoire*. Nous préparions alors un numéro consacré à la Collaboration en France pendant la Seconde Guerre mondiale…

Ce jour-là, un de mes deux adjoints, Guy R., me remet un article sur le rôle des grandes entreprises françaises sous l'Occupation. « Tu verras, c'est intéressant », me murmure ce garçon timide en me tendant sa copie. Je découvre, en la lisant, les petites cachotteries d'Henry Vuitton, descendant de Louis, le fondateur de la célèbre entreprise de luxe. Henry Vuitton, donc, a développé la fortune de la société familiale en fabriquant et en commercialisant, entre 1940 et 1944, des bustes du maréchal Pétain. Il en a écoulé des milliers… Stupéfiante information ! Je félicite immédiatement Guy et lui demande comment il l'a dénichée. Ça n'a rien d'un scoop, répond-il modestement, elle figurait dans le livre d'une journaliste, Stéphanie Bonvicini, paru sept ans plus tôt[1]. Tout excité, je transmets l'article à Sophie M., ma supérieure, au sein de *Géo Histoire*, pour qu'elle valide

1. Stéphanie Bonvicini, *Louis Vuitton, une saga française*, Fayard, 2004.

sa publication. Ce qu'elle fait sur-le-champ. Elle sort de son bureau, les feuillets à la main, en s'écriant d'une voix tonitruante : « Excellent ! Magnifique ! J'adore ! » Sophie se damnerait pour un bon papier. Son métier la survolte. Elle porte un tailleur et une veste à carreaux rappelant ceux, mythiques, de chez Courrèges, et une permanente noire gonflée à la laque. Tout cela lui donne un parfum 1960. Elle aurait voulu vivre à cette époque-là, l'âge d'or de la presse. Au mur de son bureau trône la photo de son idole : Françoise Giroud. Comme sa grande devancière, Sophie a la religion de l'information, de la vérité, de l'indépendance, de toutes ces valeurs qui fondent la presse libre. Du moins le croit-elle encore à ce moment-là… « J'ai trouvé le titre, s'exclame-t-elle : "Pendant la guerre, les affaires continuaient !" » Ses yeux pétillent de malice. On dirait que cet article l'a rajeunie. Elle retrouve l'audace de ses vingt ans. Nous sommes, Guy et moi, ravis de son enthousiasme. Enfin, surtout moi, car lui semble inquiet… « Espérons qu'il n'y aura pas de problème », dit-il en tournant son visage anguleux vers la fenêtre. Il m'agace un peu, ce grand échalas de mauvais augure !

Pourtant, il a tout compris. Quelques jours plus tard, juste avant que l'article parte à l'imprimerie, Sophie m'appelle dans son bureau. Elle est ennuyée avec le sujet sur Vuitton, me dit-elle, sans me regarder dans les yeux… Elle secoue la tête, sa permanente tremblote. Elle se tourne vers le mur, croise le regard limpide de Giroud, baisse la tête… Ah bon, lui demandé-je naïvement, ce n'est plus un bon papier ? Mais si, répond-elle, agacée. Elle joint les mains. Je regarde ses doigts potelés, noircis d'encre. Elle écrit encore au stylo et ces taches sont les stigmates de sa foi journalistique. Sa foi qu'elle s'apprête à mettre entre parenthèses… Soudain, elle se lève, trotte jusqu'à la porte de son bureau, la ferme et se rassoit. Voilà, me dit-elle, le service de la publicité juge qu'il pourrait être dangereux de faire paraître ce papier. Certes, le vieux Vuitton n'est plus là pour en prendre ombrage, mais l'énorme multinationale qui porte désormais son nom pourrait, éventuellement, couper son budget pub sur tous les titres du groupe Prisma – ce qui représenterait une perte de plusieurs millions d'euros. On ne va peut-être pas jouer à ça ? me demande Sophie d'une voix étranglée. De nouveau elle se lève, fait le tour de son bureau à petits pas pressés et pose sa main sur mon épaule. Étrange geste d'intimité. Sois gentil, semble-t-elle me dire, partage mon fardeau, partage ma honte, elle sera moins lourde à porter. À ma grande surprise, comme si mes gestes ne m'appartenaient pas, je m'exécute. Je hoche la tête. Nous nous sourions, complices.

Durant les quelques pas que je fais dans le couloir, je me sens devenir calme et raisonnable, un peu liquide aussi. Je me dis que cet article n'est pas si important, que son retrait ne changera rien au numéro. Enfin, presque rien. Il y a un peu de gêne dans ma démarche, je rase les murs, mes yeux se voilent. C'est juste un mauvais moment à passer, mais j'ai, littéralement, l'impression d'avaler une couleuvre. Je ne savais pas le goût que ça avait. À vrai dire, ce n'est pas fameux, j'ai même envie de vomir. Le reptile me gigote dans l'estomac, heureusement bientôt il ne bougera plus. Putréfié. Et puis je ne suis pas le premier à ressentir cela. Si cette information est peu connue, ai-je compris, c'est que mes confrères (hormis à *L'Express* et au *Canard enchaîné*) ont jugé plus sage de ne pas la reprendre. Voilà comment l'excellent livre de Stéphanie Bonvicini, révélant un pan édifiant de l'histoire française, a souffert d'une absence quasi générale de relais médiatique. On n'allait quand même pas courir le risque de se fâcher avec un géant du luxe pour l'obscure thèse d'une historienne provinciale ! Tous mes camarades ou presque en ont mangé, du ragoût de couleuvre…

J'informe Guy à son tour. Avec ce jeune garçon discret, voire effacé, ça va aller tout seul… Son papier sur Vuitton est trappé, lui dis-je sans grand ménagement. J'en suis navré, mais il serait trop risqué pour la boîte, ça nous dépasse. Allez, c'est pas un drame, on se remet au boulot ! Guy tourne vers moi un regard muet et plaintif. Il secoue la tête. Cet obscur petit débutant aux cheveux en brosse, au pull rêche flottant sur son corps maigre, va être la digue contre laquelle s'écrasent toutes nos mauvaises excuses.

– C'est de la censure, commente-t-il calmement.

Et c'est comme s'il me réveillait d'un coup, comme s'il me mettait sous le nez ce que j'essayais d'ignorer.

– Je le pense aussi, dis-je ébranlé.

– Si cet article est supprimé du numéro, ajoute-t-il d'une voix très douce, presque inaudible, je démissionne.

– Moi aussi ! ajouté-je, soudain électrisé.

À quoi ça tient, me dis-je, à quoi *je* tiens !

Nous restons enfermés plusieurs heures. J'entends, par moments, les souliers pointus de Sophie qui approchent, puis s'éloignent. Elle voudrait savoir ce que nous tramons. Rien, en vérité, ce petit bureau est sans issue, notre affaire n'a pas de solution… quand, soudain, j'ai une illumination. Je me rappelle qu'il y a, près de Hambourg, dans la maison mère de Prisma Media – Bertelsmann –, un comité d'éthique chargé d'étudier les éventuels manquements à la déontologie, où qu'ils se déroulent à travers son empire européen. Même un obscur magazine d'histoire d'une filiale française peut bénéficier de cette protection.

Bosch… L'homme est d'un bois courbe : je me rappelle soudain, avec amertume, ce jugement du philosophe Emmanuel Kant.

Exit l'épisode Vuitton. Il se dissipe bientôt comme un mauvais rêve, dans le ciel limpide de Prisma Media. Quelques mois plus tard, Guy quittera sans bruit le journal et partira promener ailleurs sa hautaine amertume… Je crois qu'il travaille maintenant dans une revue universitaire. Il écrira peut-être, un jour, une thèse sur les pratiques troubles de telle ou telle entreprise française, et les journaux de la place de Paris prendront un soin particulier à *ne pas* (comme dirait Bartleby) rendre compte de ses travaux. La boucle sera bouclée.

Hormis l'affaire Vuitton, voilà des années que se produisent, chez Prisma, de petits arrangements avec l'indépendance journalistique. Il n'y a pas de quoi hurler à la censure, mais ce sont des capitulations ordinaires dont, selon moi, nous ne pouvons pas être fiers. Par exemple : un journaliste d'un de nos titres m'a raconté qu'il avait eu des ennuis, car il avait écrit un article soulignant le mauvais impact environnemental de la voiture électrique. Ah, et il s'était trompé ? Pas du tout, mais l'industriel fabriquant l'engin en aurait pris ombrage et se serait plaint auprès des services commerciaux du magazine. Ceux-ci auraient alors alerté la rédactrice en chef. A-t-elle protesté, invoquant la liberté de la presse et défendant bec et ongles son reporter ? Apparemment pas : elle lui aurait passé un savon, le fustigeant pour son coûteux excès d'objectivité… Par sa faute, aurait-elle ajouté, le journal devrait offrir deux pages de publicité gratuite au constructeur automobile, pour le dédommager. Je vous en prie, cher ami, cela nous fait plaisir, et avec toutes nos excuses !

Chez Bolloré, l'intérêt supérieur des affaires n'a rien d'occulte ni de honteux. Il est pleinement revendiqué. Ainsi, en mai 2015, le Boa aurait entériné la déprogrammation d'un documentaire sur le Crédit Mutuel, dont la diffusion était prévue sur Canal+. Comme les représentants de la chaîne s'étonnaient (en comité d'entreprise, l'ancêtre du CSE) de cette décision, il les aurait recadrés. Allons, attaquer une entreprise amie, leur aurait-il dit, ça n'a rien à voir avec la liberté d'expression, c'est juste… de la bêtise[1] ! Voilà qui était clair. Les sages de Hambourg, au moins, s'étaient gardés de m'engueuler, ils m'avaient même félicité de ma droiture ! La liberté, même relative, tient à ce genre d'égards, fussent-ils hypocrites.

Avec Bolloré, il n'y en aura plus le moindre – du moins en avons-nous le pressentiment. Voilà pourquoi, avant qu'il ne soit dans nos murs, nos syndicats, pour cette fois unis, ainsi que les sociétés des journalistes de différents titres du groupe, réclament auprès de la direction de Prisma Media d'inscrire dans les statuts de l'entreprise la fameuse charte prévenant tout risque de censure. Nous nous prenons même à rêver : et si ce texte nous aidait non seulement à modérer les ardeurs de notre nouveau patron, mais aussi à mettre un terme aux petits arrangements avec la déontologie qui semblaient s'être déjà insinués, avec le temps, dans les pages de nos magazines ?

À notre surprise, le numéro 1 de Prisma, Bill R., répond favorablement à notre sollicitation. Il accepte rapidement d'ouvrir

1. Cette scène est rapportée par Raphaël Garrigos et Isabelle Roberts dans leur série « L'Empire. Comment Vincent Bolloré a mangé Canal+ » parue sur le site lesjours.fr. À l'appui de leurs dires, les deux journalistes produisent une copie du compte rendu de ce comité d'entreprise.

des négociations sur la charte. Elles débutent en février 2021, quelques mois avant notre absorption par Vivendi.

Bill est un homme élégant d'une quarantaine d'années, portant des vestes cintrées et des pantalons coupés sur mesure qui soulignent sa silhouette de séducteur – d'où le surnom que je lui ai trouvé, « Valentino », qui lui va comme un gant de soie.

La vie lui sourit. Il a un visage lisse, des traits délicats, des yeux doux et profonds, une voix chaude et sensuelle. Et à son – relatif – jeune âge il règne sur Prisma Media, le plus gros groupe de presse magazine français.

Pourtant, depuis l'annonce de notre rachat par Vivendi, le sémillant Valentino paraît fragilisé. Il a été installé aux commandes de notre société voici douze ans par Bertelsmann, dont il était l'un des plus brillants poulains, et il risque fort de passer par la fenêtre, indésirable à ses nouveaux employeurs comme aux anciens – qui ne lui trouveraient pas nécessairement un poste de secours dans leur empire. Il pourrait alors finir broyé entre ces deux continents financiers, minuscule et gigotante victime de la tectonique des plaques capitalistiques…

Ce matin-là, quand débutent les pourparlers menés par visioconférence, il apparaît assis derrière un bureau, sur l'estrade du grand auditorium. « Mes chers amis, je me réjouis d'engager ces discussions, que j'espère fructueuses ! » lance-t-il en préambule. Généralement, quand Bill s'adresse à nous, ses lèvres boudeuses trahissent, à mes yeux, un certain mépris. Or cette fois il arbore à travers l'écran un grand sourire affable, presque affectueux. L'heure n'est plus à la morgue. Il tient les mains ostensiblement posées à plat sur la table, comme pour bien montrer qu'il n'a pas de dague entre les doigts.

Quel jeu joue-t-il ? Quelle latitude lui laisse Vivendi ? Notre futur employeur l'a-t-il chargé de nous jeter, tel un os, une charte qu'il s'empressera de réduire en miettes une fois entré dans nos murs ? Nous allons bientôt le savoir… Afin de préparer efficacement la réunion, nous avons fourni à Valentino un modèle de texte : charge à lui de nous proposer en retour les corrections qu'il juge utiles. Elles devraient être modérées : la charte que nous lui avons envoyée est, à quelques nuances près, celle qui a été adoptée par plusieurs grands médias français.

« Merci de votre document. Je l'ai lu attentivement et hum ! J'y ai apporté quelques annotations… » Bill appuie sur une télécommande, allumant un projecteur, et le texte s'affiche sur le mur, à côté de son bureau. « Il y a un code couleur, chantonne Bill, qui prend soudain des airs de décorateur pour détendre l'ambiance. Les paragraphes en vert sont parfaits, ceux en orange sont problématiques, et les rouges inacceptables. *Inacceptables*, c'est comme ça que vous diriez, *yes* ? » Nous connaissons cette chanson-là : le Londonien Bill fait parfois mine d'oublier son français, d'être perdu dans une langue étrangère, un peu comme s'il tâtonnait avec une canne blanche et des lunettes noires. C'est à croire qu'il voudrait apitoyer son auditoire, ou lui faire avaler une couleuvre – j'en frissonne d'avance de dégoût.

Ça ne loupe pas : le texte projeté à côté de lui, sur le grand écran de l'auditorium, est écarlate, avec çà et là des taches orange et quelques passages en vert… Bref, selon lui, presque tout est à réécrire. La charte est bonne pour la poubelle. Après un moment de malaise, un élu rompt le silence. Sa question résonne sur tous les ordinateurs des participants :

– Essayons de mieux comprendre les points bloquants, voulez-vous ? Pourquoi la formule « le journaliste choisit seul ses sujets » vous pose-t-elle problème, Bill ? Pourquoi la retoquez-vous ? C'est pourtant un principe de base de la liberté éditoriale !

Avant de répondre, notre pédégé se lève et arpente l'estrade. Il joint ses mains contre son menton, pousse un long soupir et lève un regard désespéré vers le plafond. Soudain sa morgue le reprend, comme une seconde peau. Ce serait tellement agréable, songe-t-il sans doute, de se retirer sur quelque moderne Aventin, à Serre Chevalier, par exemple, ou Cortina d'Ampezzo, plutôt que de tenter de convaincre des employés mal habillés... Parler à des crétins semble lui demander un immense effort d'adaptation, mais bon, il va essayer... Comme il passe devant le projecteur, sur l'estrade, le texte rouge s'affiche soudain sur son costume, et sa silhouette crème vire au carmin. Ce n'est pas du plus bel effet, on dirait un boucher vêtu de sa blouse ensanglantée. Il réplique enfin : « Parfois un rédacteur en chef propose un sujet, oui ? Moi-même, j'ai proposé des sujets à des journalistes que je croisais dans les bureaux, oui ? Est-ce contraire à *votre déontologie*? » Sa voix couine, son mépris est palpable. Il se corrige, penche la tête et affiche un sourire patelin.

Sur le fond, d'ailleurs, son argument est recevable. Un autre représentant du personnel rebondit :

– Le journaliste ne doit pas subir de pression dans l'exercice de son métier, précise le texte que nous vous avons adressé. Vous avez surligné ce passage. Cette assertion vous dérange aussi ?

Planté sur son estrade, Bill pivote légèrement la tête, les yeux dans le vague, comme un chien égaré. Cette fois, le mot français « assertion » lui échappe vraiment. Il bat des paupières et comprend peu à peu.

– Comment vous garantir cela? soupire-t-il, philosophe. Qui ne subit pas de pression dans son métier? Je vous le demande!

Croyez-vous que je ne subis pas de pression, moi ? Ah, ah, elle me fait doucement rigoler, celle-là !

Surprenant Bill ! Voilà qu'il nous parle en parigot ! Nous le savions polyglotte, mais pas à ce point-là. Il se marre et son rire résonne longuement – mais il a un écho lugubre dans nos ordinateurs. Nos écrans se parent peu à peu d'une lueur blafarde. L'auditorium, au fond duquel il s'agite, semble soudain bien sombre. Un vrai coupe-gorge. Bill parcourt l'estrade nerveusement, sur la pointe des pieds, comme s'il avait peur de faire grincer le plancher. Il se retourne, vérifie que personne ne le suit. Je crois voir ses élégants vêtements collés par la sueur, ses joues bouffies par le manque de sommeil. Il est dans de mauvais draps. Vivendi, supposons-nous enfin, lui a-t-il demandé à la fois d'ouvrir une négociation sur la charte de déontologie et de la torpiller ? Doit-il tenter de calmer nos inquiétudes, pour ne pas compliquer notre rachat par Bolloré… mais sans rien nous proposer de concret ? Peut-être joue-t-il son poste dans ce numéro d'équilibriste.

– Il est temps de mettre fin à cette mascarade, lâche Max, dont les réflexions, chez lui, derrière son ordinateur, ont suivi le même chemin que les miennes. À l'évidence, vous n'avez pas le pouvoir d'adopter cette charte. Mon organisation quitte la négocia…

– Nooon ! hurle Bill.

Sa silhouette se fige dans le noir, plantée sur l'estrade, devant le projecteur. Les lignes du document ondulent sur les plis de son costume. Les mots « déontologie », « devoir », mais aussi, curieusement, « perdre », « un gros » et « salaire » roulent sur sa veste. Comme si ses pensées secrètes pullulaient dans les ténèbres.

– Non, poursuit-il, essoufflé. Attendons quelques jours, puis reprenons cette passionnante discussion, mes chers… amis ? Allez, allez ! Tout va bien se passer, *yes* ?

Il se laisse tomber sur sa chaise, à l'ombre de l'écran lumineux et se détend, les yeux mi-clos. Peut-être craignait-il d'être escamoté en pleine discussion par des sbires de Vivendi et suriné à tour de bras. Il a gagné un sursis – et quelques mois d'émoluments. J'éteins mon ordinateur.

« De toute façon, même si vous faites adopter la déclaration des droits de l'homme, la Constitution américaine ou le serment olympique, vous écrirez ce que je veux », dit une voix dans ma tête. Elle est épaisse, lourde, avec l'accent breton. « Vous m'appartenez ! »

Printemps 2021

III
De Lomé à Gennevilliers

Un matin, en arrivant à Gennevilliers, je croise une voiture qui sort du parking de l'entreprise. J'entrevois derrière les vitres un homme aux cheveux blancs, assis sur la banquette arrière. Perdu dans mes pensées, je n'y fais pas attention, mais soudain je me retourne sur l'avenue, suivant des yeux l'automobile noire qui s'échappe déjà entre les HLM, vers Paris. Et si c'était Bolloré en personne ?

Une histoire me revient en tête, celle du calife Hakem, dans une nouvelle de Gérard de Nerval. Ce souverain oriental se déguise la nuit en vagabond et quitte les murs de son palais pour rôder dans les tavernes. Il veut comprendre les préoccupations de ses sujets en se mêlant incognito à eux.

Le Boa vient-il, lui aussi, traîner dans les couloirs de Prisma et guetter les conversations ? S'il rêvait d'une ruche bourdonnante d'activité, il doit être déçu. Depuis le printemps 2020, la Covid et les mesures sanitaires qui l'accompagnent ont vidé le site… Il y a encore deux ans, en un ballet quotidien, les 1 100 salariés du groupe entraient là chaque matin. Je crois les revoir affluer, sur l'avenue aujourd'hui déserte…

Sortant à la queue leu leu du métro, ils rejoignent en file indienne la lourde porte du building Prisma, qui ouvre sur un hall avec faux marbre et miroirs géants. Cette opulence – même en toc – détonne, dans une banlieue déshéritée où le chômage avoisine les 20 %.

Alignées derrière un comptoir, des hôtesses accueillent les arrivants d'un sourire, tout en répondant aux appels téléphoniques grâce à un casque enfilé sur leur crâne. Ainsi font-elles deux métiers en même temps, incarnant, au prix sans doute de quelques migraines, l'une des vertus cardinales théorisées par le patronat moderne en ce début du XXIe siècle : la polyvalence.

Au fond du hall, des tourniquets de sécurité protègent l'intérieur du site. Seuls les salariés peuvent les actionner, avec la carte magnétique qui leur a été remise au jour de leur embauche. Une fois cet obstacle franchi, ils rejoignent leur travail, soit en prenant tout de suite, sur la droite, l'ascenseur du bâtiment où ils se trouvent, soit en sortant, par le fond du hall, dans une cour intérieure, bordée par les deux autres immeubles du site. Pour s'y introduire, ils doivent encore ouvrir, à l'aide de leur carte magnétique, des portes sécurisées. Elles sont aussi grandes et lourdes que celles de l'entrée. Quand le vent s'engouffre contre elles, sur l'avenue ou dans la cour, elles vous arrachent le bras, comme si elles étaient dotées d'une force propre. Il faut se battre littéralement avec elles pour les refermer ! Ce n'est pas leur seul sortilège… En se rabattant derrière vous, elles lâchent un double déclic, métallique et sourd, « tac-chtac », que j'ai mis longtemps à identifier… C'est exactement celui que fait – du moins dans les films – la guillotine en s'abattant sur le cou des condamnés ! Mon échine m'en a averti en frissonnant…

Dans chacun des trois bâtiments, mais aussi dans la cour centrale, et évidemment à la cantine, les salariés se croisaient jadis du matin au soir. Ça bruissait dans les couloirs, cavalait dans les escaliers… Mille et une conversations se nouaient et se dénouaient, à propos du travail, bien sûr, mais aussi de la marche du monde, du résultat d'un match de football ou des élections. Nous étions des molécules se frottant les unes aux autres, s'excitant, s'agaçant, se cherchant ou s'évitant. Des histoires d'amour sont nées, ici ! On se tenait la porte, on échangeait une blague, on se complimentait sur une coiffure ou un vêtement… Bref, on glissait de la réalité, de la chair, dans ce décor géométrique. La vie triomphe partout, m'avait dit un jour un biologiste que j'interviewais pour mon journal, même dans les environnements les plus hostiles. Et ce site, métallique et froid, en était la preuve.

Pourtant, tout cela est fini. Les trois immeubles de Gennevilliers ressemblent, au printemps 2021, à des paquebots échoués, et la cour qui les relie à un puits de silence. Depuis l'apparition de la pandémie, les gens travaillent chez eux et toutes les réunions se déroulent par écrans interposés. Pour nous éviter de sombrer dans la neurasthénie, la direction nous autorise à reprendre le chemin du bureau, mais seulement un ou deux jours par semaine.

Ce matin-là je marche vers les buildings de métal noir, sur l'avenue bordée de HLM, en me demandant si j'ai bien vu passer Vincent Bolloré en personne, ou si c'était un mirage. Le lieu est propice aux visions. Les images du passé et du présent s'y superposent. Sur ce ruban de trottoir, jadis, nous arrivions par vagues compactes, entre 9 et 10 heures. Aujourd'hui nous ne sommes que huit ou dix, parsemés sur le macadam, courbés contre le vent.

Soudain, une de ces silhouettes esseulées se porte à ma hauteur. C'est un collègue que j'ai déjà vu, dans les étages peut-être, ou à la cafétéria. Il tourne la tête vers moi, scrute mon visage. Il porte un élégant manteau gris, de longs cheveux noirs soigneusement rabattus en arrière. Sa barbe naissante ne parvient pas à vieillir son visage juvénile. C'est un jeune homme, presque un enfant, mais habillé et coiffé à l'ancienne. Il se tient droit comme un I, on lui imaginerait volontiers un chapeau claque sur la tête et une canne à pommeau d'ivoire dans la main. Tandis que je me demande où je l'ai déjà vu, il ralentit soudain le pas et, comme je ne change pas d'allure, disparaît derrière moi… Quelques instants après il se porte de nouveau à ma hauteur. Son regard cherche le mien, je vois bien qu'il hésite à me parler. Sa bouche s'entrouvre, un filet de vapeur s'échappe de ses lèvres rose pâle, il a le souffle court. Soudain, je m'arrête net et, ne pouvant plus se dérober, il en fait autant. Nous voilà tous deux plantés face à face, sur cette longue avenue rectiligne, transformée en croisée des chemins.

– Laissez-moi me présenter… commence-t-il cérémonieusement.

Il s'appelle François V., me dit-il, et est photographe au magazine *Capital*. Il me connaît de vue, car je suis secrétaire du CSE.

– Nous ne sommes pas toujours d'accord avec les actions de votre syndicat (la CGT), poursuit-il, presque en s'excusant, mais le moment est peut-être venu d'unir nos forces, car nous avons un problème commun. Le Boa, si vous voyez ce que je veux dire…

Ce nom familier me fait sursauter. Je ne suis donc pas le seul à l'appeler ainsi, chez Prisma ! Sans nous être concertés, nous parlons déjà, François et moi, la même langue, le même vocabulaire ! Le jeune homme me regarde fixement. Ses yeux bleus brillent de malice, il s'amuse de mon étonnement. De fait, je ne m'attendais pas à ça, de la part d'un salarié de *Capital*. Ce magazine économique se situe ordinairement aux antipodes de la CGT. Consacré à la vie des affaires et des sociétés, il défend la libre entreprise et critique allègrement tout ce qui l'entrave, l'État, l'administration, les syndicats. Cependant, ce journal sait aussi se retourner contre son camp : il a régulièrement publié, je m'en souviens, des articles critiques sur Bolloré, dénichant des épisodes savoureux et inédits de son histoire[1]. Par exemple, *Capital* a raconté comment, en 2011, le Boa a fait expulser (en toute légalité) une retraitée de Saint-Tropez d'un cabanon qu'elle habitait depuis trente ans pour mettre la main dessus. Plus vexant encore pour un capitaine d'industrie : le magazine s'est moqué de ses opérations hasardeuses, comme l'acquisition de Gameloft, une boîte de jeux vidéo dont les résultats se seraient vite détériorés sous sa direction. Enfin, le journal consacre chaque année un sondage sur les patrons les plus appréciés de France. Or dans ce hit-parade Vincent Bolloré figure généralement en queue de peloton.

Bientôt soumis à sa tutelle, le magazine risque de payer fort cher ces impertinences passées, car un Boa, ça n'oublie pas…

1. Négligence ? Suprême dédain ? En tout cas, ces articles, volontiers persifleurs à l'égard de Vincent Bolloré, n'ont pas été effacés à ce jour (5 juillet 2023) du site capital.fr. On a trop souvent suspecté le patron de Vivendi de censure pour ne pas féliciter, en cette occasion, sa belle preuve de tolérance !

C'est dans ce contexte que François V. a décidé de se tourner vers nous… Chic, j'ai donc un allié à *Capital*! pensé-je. Sacrée prise, Max sera fier de moi. Dans le silence de l'avenue, je tends le bras vers François. Il en fait autant mais nous voilà tout embarrassés, car le respect des gestes barrières nous interdit de nous faire la bise, et même de nous serrer la main. Je mime donc un petit geste d'au revoir et le laisse s'échapper.

– Au fait, écoutez les informations ce soir, me dit François en se retournant, d'un air amusé.

À 20 heures, sur Franceinfo, je sursaute en apprenant qu'un juge préconiserait le renvoi en correctionnelle de Vincent Bolloré. Le Boa aurait mis la société Havas au service du président togolais Faure Gnassingbé, pour aider à sa réélection, en 2010. Coïncidence qui trouble la justice : peu de temps auparavant, Bolloré avait décroché la concession du terminal à conteneurs du port de Lomé, dans ce même Togo. Voilà exactement le genre d'information dont *Capital* pourrait difficilement parler, une fois passé sous pavillon Vivendi.

« Oh, merci, François ! » lancé-je mentalement au jeune et ténébreux photographe qui m'a soufflé ce tuyau. Il me fixe, dans mes pensées, dans son manteau couleur mystère, un sourire aux lèvres, une chevalière au doigt, tel un dandy espion…

Une carte du monde s'illumine dans ma tête. En Afrique de l'Ouest, je plante un petit drapeau sur la ville de Lomé. Un front anti-Boa vient de s'ouvrir là-bas. Mais la mère de toutes les batailles reste Gennevilliers ! me dis-je avec exaltation…

Bolloré est-il venu ce matin-là nous espionner ? me demandé-je de nouveau, un peu plus tard, dans mon lit. Allons donc, sait-il seulement que nous existons ? Prisma et ses 1 100 salariés, sitôt avalés, sitôt oubliés. Alors que je cherche le sommeil, je l'imagine à l'autre bout de Paris, s'apprêtant lui aussi à dormir et comptant comme des moutons les possessions de son empire. Havas, les plantations, ports et chemins de fer d'Afrique de l'Ouest, les chaînes de télévision : Canal+, CNews, C8… J'oublie un truc, doit-il se dire, entortillé dans ses draps. Sûrement une petite merde sans importance, comme dirait son ami et salarié Cyril Hanouna, le distingué animateur d'une de ses chaînes de télé, C8.

Bolloré s'endort enfin. À quelques kilomètres de là, je garde les yeux grands ouverts, planqué au cœur de son oubli.

IV
Le coup du Mérou

Quelques semaines plus tard, alors que je m'éveille, le regard de François V. flotte dans ma tête. Il vient me chercher au fond de mes rêves. Étrangement, alors même que depuis des mois les gestes barrières nous interdisent tout contact, je sens sa main se poser sur mon épaule : « Allez, mon vieux, je compte sur toi ! » Lui, si vieille France dans la vie réelle, me tutoie et me secoue rudement dans mes songes ! Sa voix m'est familière, comme si nous avions déjà partagé quelques soirées et quelques verres ensemble… Mes paupières s'ouvrent d'un coup. L'écran du radio-réveil brille sur ma table de chevet : 6 h 59. Je tourne vite le bouton.

« Médias ! lance le journaliste, égrenant les titres des informations. Vincent Bolloré… » Au nom du milliardaire, un corbeau croasse deux fois au fond de ma cour. « Vincent Bolloré semble sur le point de prendre le contrôle de la station Europe 1. »

J'ouvre vite une page blanche dans mes pensées. Mai 2021, noté-je fébrilement sur ce bloc-notes mental, rien ne lui fait peur, rien ne l'arrête, il va avaler la radio de « Signé Furax » et de « Salut les copains », de Pierre Bellemare et de Jean Yanne. La nostalgie me glisse sur les yeux… Je me lève et me fais un café.

Peu à peu – avec l'aide occulte de François V. – je me constitue une documentation sur le Boa… Dans quel but ? Je ne le sais pas encore très clairement. Peut-être pour instruire un jour, à son encontre, quelque procès révolutionnaire ? Le corbeau croasse de plus belle, pas convaincu. Ou seulement pour comprendre ce qui m'arrive…

Et c'est vertigineux. Après s'être emparé de Havas en 2005, de Canal+ en 2015, et avant même d'avoir gobé officiellement notre groupe, Prisma Media, Vincent Bolloré s'attaque désormais à l'une des principales radios françaises. Après les yeux, les oreilles… Il est en train de devenir, sans bruit, un géant, ou peut-être *le* géant, des médias nationaux… « Déjà, dans les couloirs de la station, poursuit le speaker, on entend les salariés s'interroger. Doivent-ils démissionner ? Doivent-ils rester ? »

Sa voix tremble, comme s'il partageait, par contagion, l'inquiétude fiévreuse de ses confrères… Mes pensées se mettent à vagabonder. Engourdi par la fatigue, je pose ma tête au creux de mes bras, sur la table, à côté de la tasse de café encore fumante. Pourquoi Bolloré provoque-t-il, chez de nombreux commentateurs, cette peur sourde ? Peut-être parce qu'il figure à leurs yeux un moderne barbare… Sur ses chaînes de télévision se déroulent des émissions qui défient à la fois la décence et l'éthique. Sur C8, par exemple, l'animateur Cyril Hanouna peut raconter avec gourmandise comment il a fait caca dans la chaussure d'un de ses adjoints – et ce dernier hocher la tête avec un sourire soumis. Sur CNews, des chroniqueurs sortis de nulle part – ou plus généralement de l'extrême droite – affirment que la police devrait tirer à balles réelles lors des émeutes de banlieue… On se permet, sur ces ondes hautement électrisées, des réflexions que des siècles de civilisation ont progressivement bannies ailleurs. On y invente une nouvelle culture, toujours plus grossière, toujours plus violente…

Dès lors, les journalistes d'Europe 1 se demandent : vais-je devenir ainsi à mon tour ? Prétendrai-je le plus naturellement du monde, comme le fait par exemple Éric Zemmour sur CNews, que le maréchal Pétain a protégé les Juifs français face aux nazis ? Ou, dans un tout autre registre, accepterai-je avec humilité que mon patron me chie dans les bottes ?

La question vaut aussi pour moi. Un jour prochain, il me faudra accepter tout et n'importe quoi. Je m'imagine signant, d'une plume allègre, une tribune réclamant le transfert au Panthéon des cendres d'Henry Vuitton…

Le corbeau s'est posé sur mon balcon et me regarde de ses yeux brillants, en se dandinant sur ses pattes. Pourquoi me fixe-t-il ? Assiste-t-il, fasciné, à ma métamorphose ? Suis-je en train de devenir un « Homo vivendicus » ? Au fil de ma rêverie, je me rappelle un film qui m'a terrorisé dans ma jeunesse, *L'invasion des profanateurs de sépultures*. On y voyait des extraterrestres coloniser la Terre en se mêlant à la population. On plutôt… on ne voyait pas grand-chose, car ces humanoïdes ne pouvaient être distingués des humains. C'était là le plus terrifiant. Comme eux ils semblaient rire, travailler, partager des histoires d'amour, mais en réalité ils avaient perdu leur cerveau. Et si l'on avait le malheur de s'endormir à côté de l'un d'entre eux, il aspirait immédiatement toutes vos pensées, détruisant le vôtre à son tour. La terreur, du coup, régnait parmi les rares Terriens encore épargnés par cette colonisation psychique. Ils se surveillaient du coin de l'œil, se soupçonnant mutuellement d'être passés dans le camp des extraterrestres, et luttaient pour ne pas succomber au sommeil, même quand leurs paupières étaient lourdes, lourdes… Eh bien, c'est pareil dans le royaume du Boa : un instant d'inattention et hop ! vos neurones sont aspirés.

À cette idée, je me réveille en sursaut, et me brûle les lèvres en avalant mon café.

Dans le métro, un peu plus tard, la fatigue m'engourdit. Je me laisse ballotter par le cahot de la rame, assis sur un strapontin. Une seconde, la lumière s'éteint dans le wagon. S'échappant de la pénombre, le visage de Vincent Bolloré surgit alors dans mes songes, avec son sourire imperturbable et ses cheveux argentés. Je ferme les yeux et l'imagine comme un petit automate, un soldat articulé avec une clé dans le dos. Il court bientôt en clopinant sur mon bras, mon épaule, ma nuque. Il escalade mon crâne et, soudain, me plante d'un coup sec un drapeau violet et blanc sur la tête – aux armes de Vivendi. Mon cuir chevelu frissonne – mais c'est agréablement indolore. Voilà, il s'est emparé de moi.

Je rouvre des yeux vitreux et hoche la tête, fataliste. Et pourquoi pas ? Ce matin-là, je ne me sens pas la force de me battre. C'est un jour à se laisser tout simplement vieillir, sans résister. Mon visage se couvre soudain de rides et un sourire idiot me flotte aux lèvres. Il y a de bons côtés à être racheté par Vivendi ! pensé-je, le cerveau mollasson. On bénéficie d'actions du groupe à un prix préférentiel et même de réductions sur les abonnements à Canal+. Pour moi qui adore le football, quelle aubaine ! Mon nouveau patron va m'emmener paisiblement vers la retraite, en m'offrant tout à la fois un salaire confortable et des loisirs délicieux. Franchement, j'aurais tort de lui chercher querelle. C'est peut-être vrai qu'il est trop gentil…

Soudain le visage de Max m'apparaît, furibard. Et ce n'est pas un rêve ! Il est planté au milieu de la rame, se tenant à la barre verticale d'aluminium. Ses yeux noirs me piquent comme des épingles. On dirait qu'il a lu la capitulation dans les miens ! Du fond du wagon il s'approche, écartant des voyageurs, et, penchant son visage aux joues creuses vers moi, il me murmure quelques phrases, puis comprenant que je ne l'écoute pas s'écrie :

– Bon sang, réveille-toi à la fin !

Je sursaute. Max vient, sans le savoir, de m'arracher aux morts-vivants qui peuplaient mes songes ! J'aspire une grande bouffée d'air et, bien que ce soit celui fétide de la rame de métro, il me ranime peu à peu. À cet instant, le métro sort de terre pour franchir le pont de Gennevilliers. Sa carlingue métallisée ondule comme les écailles d'un poisson sous le soleil printanier, ses vitres sales brillent de leur mieux. Mes pensées retrouvent leur élan, leur boussole. Nous allons être rachetés par Bolloré, soit, mais nous devons lutter pour rester libres. Pour garder notre dignité. Extirpés de l'obscurité, les voyageurs battent des paupières, échangent des regards, ébauchent des sourires. Cette traversée du pont constitue, pour tous les passagers, chaque matin, une seconde de vacances, une échappée buissonnière. Ensuite nous sommes avalés, comme des taupes, par le tunnel d'en face et les équivoques grises de la vie courante.

– Tu sais ce qu'ils ont trouvé pour calmer les salariés ? me lance Max quelques instants plus tard, une fois sortis du métro.

Il s'arrête sur l'avenue comme pour faire partager son indignation alentour, même s'il n'y a personne.

– Des abonnements préférentiels à Canal+... Ah, les cons !

Je ris de bon cœur avec lui – ayant oublié ma frivole attirance pour cette offre. Il s'immobilise de nouveau.

– Il faut absolument qu'on sorte un tract là-dessus. Ça ne peut pas se passer comme ça. Ils se foutent vraiment de notre gueule.

Je hoche la tête avec conviction, jouant le rôle de maigre public. Max est habitué aux estrades. Avec son seul mégaphone, lors d'assemblées générales improvisées, il pouvait jadis tenir des centaines de salariés sous son charme, au pied des immeubles Prisma, en moquant nos dirigeants, leurs salaires obèses, leur incompétence crasse. Cependant, le télétravail a vidé le site. Le théâtre des révoltes fait relâche…

Je regarde Max, planté devant l'entrée du building de Prisma. Soudain, une brise me souffle au visage. Autour de son corps immobile, sanglé dans son imperméable, je crois voir une houle invisible se former. Il n'est pas seul, disent ses yeux fiévreux, une armée de salariés fantômes marchent avec lui, comme jadis !

C'est un jour à sortilèges. Quelques heures plus tard, juste au moment où je passe devant l'imprimante, dans le couloir de mon journal, *Ça m'intéresse*, la machine pousse un ronronnement et se met en marche. Une feuille sort par sa fente, glissant dans le bac en plastique. C'est une coupure de presse. Le titre apparaît lentement : « Jusqu'où ira… » Sortant de son bureau, ma collègue Édith, la Gavroche qui fait du karaté, marche vers moi. Elle a un léger recul en me voyant – elle se croyait seule. Nos yeux se croisent dans la pénombre. Elle lisse ses cheveux, en tortille une mèche, joue avec le zip de son blouson de skaï. Le papier met un temps infini à sortir. Le titre se dévoile enfin. « Jusqu'où ira Bolloré ? » Elle attrape la feuille dans le bac, la plie en quatre et la glisse dans sa poche. Déjà elle regagne son bureau, mais sursaute en entendant la machine se remettre à trembler. « Ah oui », se rappelle-t-elle. Une nouvelle page sort : « Bolloré, un danger pour… » Elle me sourit bizarrement, comme si j'étais un autre, un inconnu dangereux. Un zombie qui va lui manger le cerveau, peut-être. Comment savoir avec certitude qui est déjà passé dans le camp de Bolloré, qui est prêt à le servir pour un abonnement à Canal+ à prix réduit ? Elle tire sur la feuille pour la faire sortir plus vite de la machine, mais le mécanisme résiste. « Un danger pour la démocratie ? » La tête de Bolloré apparaît sur le papier, et son regard nous transperce. Même s'il n'y a personne, moi, je vous surveille !

Édith récupère enfin la feuille et s'échappe. Je vois sa silhouette maigre et nerveuse s'éloigner dans le couloir… La peur est en train de nous modifier, pensé-je. Édith D., jusqu'à un passé récent, était une salariée rieuse, au franc-parler tonitruant. Désormais elle parle moins, elle hésite, aux aguets, tout hérissée de crainte…

Le soir même, quelques heures plus tard, sur l'avenue du retour, je l'entends s'approcher de moi, et d'une toute petite voix enrouée elle me demande :

– Au fait, tu crois qu'avec les badges ils gardent une trace des documents qu'on a imprimés ?

– Tu veux dire : pourraient-ils savoir, grâce aux données contenues dessus, si on a photocopié des papiers personnels, ou encore… des textes hostiles à la direction ?

Elle s'arrête net et me sourit, confondue. Ses yeux brillent de plus belle dans la nuit. Sans doute la question l'a-t-elle taraudée toute la journée, depuis qu'elle a eu l'imprudence d'imprimer ces articles.

– Mais non, lui dis-je d'une voix docte, ils n'ont pas le droit de chercher ce que tel ou tel d'entre nous a imprimé. Ce serait parfaitement attentatoire à nos libertés, et illégal.

Elle me sourit, à moitié rassurée. Je lui réponds d'une moue apaisante. Pourtant, si ma réponse est vraisemblable, est-elle vraie ? Le pouvoir des zombies s'accroît, dans tout le monde du travail, et singulièrement dans la presse. Quelques semaines plus tôt, une salariée d'un magazine d'actualité parisien a été licenciée au prétexte qu'elle aurait écrit une note critiquant son propre journal – ce qu'elle niait. La note aurait été retrouvée à la photocopieuse. Décidément, c'est bavard, ces petites machines-là.

Pourquoi ça ne se passerait pas aussi comme ça chez Bolloré – et même plus encore chez lui… ? Il est maître de la foudre, alors gare aux imprudents ! À la fin de l'année 2020, par exemple, Canal+ a licencié un humoriste, Sébastien Thoen, parce qu'il avait osé se moquer, dans un sketch, d'une émission de CNews, autre chaîne du groupe Vivendi. Un journaliste de Canal+, Stéphane Guy, a alors pris publiquement la défense de Sébastien Thoen… et a été viré sur-le-champ. Tout cela s'est fait le plus simplement, je dirais presque le plus logiquement du monde ! Sur l'avenue sombre, je jette un coup d'œil à Édith, qui m'apparaît soudain bien menue dans son blouson de skaï. Prends garde à toi, Mrs. Karatéka…

La cession est maintenant imminente. Conformément à la loi, Bill, notre pédégé, organise ce matin-là une réunion entre les représentants du personnel et le postulant au rachat de Prisma Media. Ensuite, les élus du CSE seront de nouveau convoqués pour donner leur avis sur ce changement d'actionnaire. Par exemple, s'ils jugent qu'il risque de provoquer des licenciements ou de restreindre la liberté des journalistes dans leurs rédactions, ou toute autre conséquence nocive, ils auront le devoir de s'y opposer par un vote solennel. C'est beau comme l'antique, mais n'aura aucune incidence, car l'avis du CSE est strictement consultatif. Sitôt celui-ci rendu, la cession peut se poursuivre. C'est ce que l'on appelle le dialogue social : la direction y a toujours le dernier mot.

Pour nous rencontrer, Bolloré a délégué l'un de ses plus fidèles lieutenants, Étienne R., dit le « Mérou ». J'ignore ce qui lui vaut ce surnom ; un élu CGT de Vivendi l'a soufflé quelques heures plus tôt à Max sans lui en donner l'explication… Le Mérou, tout un programme !

La réunion se déroule par visioconférence. Les visages des participants, élus du personnel et dirigeants de l'entreprise, Bill (Valentino), Nathalie (l'Impatiente), sont rangés dans de petites vignettes, sur mon écran. Cependant celle de leur invité, « Étienne R. », est vide, grisée : il n'a pas encore allumé sa caméra. On peut juste lire son titre, « délégué aux acquisitions ». En fait, m'a expliqué Max, quand Vivendi achète une boîte, Étienne R. est chargé de la réceptionner, de vérifier que rien n'est cassé dans le paquet, qu'il est bien conforme à la commande. Ensuite il signe un reçu au livreur – en l'occurrence Bill –, puis il passe le colis à d'autres exécutants qui s'occuperont des étapes suivantes.

Pour accueillir son hôte, Valentino arbore son plus beau bronzage – obtenu, j'imagine, grâce à quelques heures d'UV, ou un week-end impromptu dans les Alpes. Il est rehaussé par sa chemise et ses dents, l'une et les autres impeccablement blanches.

– Je suis tellement, tellement, tellement fier de vous recevoir, cher Étienne ! lance-t-il, l'œil humide, la voix veloutée en ouvrant les bras dans le vide, car comme nous tous il est seul derrière son écran.

Il est de bon ton lors des passations de pouvoir, au sommet des entreprises, que le vassal en fasse trop, se ridiculisant de bon cœur en signe de soumission. Bill me semble doué.

– Dans cette maison, poursuit-il, qui sera bientôt la vôtre…

– Je l'espère bien ! le coupe impatiemment son hôte d'une profonde voix de basse.

Surpris, le visage de Bill se fige puis, dans un fondu au blanc, se volatilise, tel un fantôme numérique. Celui d'Étienne R. le remplace instantanément sur nos écrans, hilare. Il me fait penser à un ogre ! Yeux ronds, comme deux billes bleues, crâne chauve et luisant, et surtout grande bouche ouverte sur deux rangées de dents étincelantes : évidemment, le Mérou, ça s'imposait ! Son rire caverneux fait vibrer mon ordinateur, comme s'il s'en était littéralement emparé. Sa tête me semble si grosse qu'elle s'écrase contre les bords de mon écran. Il tourne son regard vers le haut, vers le bas et plisse le front, contrarié : son aquarium est trop étroit. Puis il fixe les yeux droit devant lui, vers nos visages virtuels, et un sourire lui revient.

– Comme c'est agréable d'être accueilli si chaleureusement, ronronne-t-il, merci, cher Bill !

Après quelques politesses d'usage, Max interroge Étienne sur les dettes que Prisma a contractées envers son actionnaire actuel, Bertelsmann. Seront-elles apurées par Vivendi ?

Bill ne la ramène pas. Il fait celui qui ne comprend pas. *My French is so poor, what are you talking about?* On dirait qu'il se cache dans un coin de l'écran.

Il peut ! Ces dettes, nous sommes plusieurs au sein du CSE à penser qu'il en a sa part. Je me rappelle la réunion, vers 2016, où il a annoncé triomphalement aux élus l'acquisition d'une société de production vidéo, Bagatelle, qui allait selon lui « nous faire entrer dans l'avenir par la grande porte » – je le cite de mémoire. Derrière la tête déjà bronzée de notre chef, sur une grande feuille de papier accrochée à un pupitre, deux courbes, l'une rouge, l'autre bleue, se croisaient – illustrant sa démonstration. La première, plongeant inexorablement vers le sol, résumait les bénéfices à attendre des journaux du groupe, des bénéfices toujours plus maigres et pour finir inexistants. À l'horizon 2020, cette activité sur laquelle s'était patiemment fondée la prospérité de Prisma Media serait devenue, à en croire Bill, accessoire, voire parasitaire. Nous écoutions cette prédiction la gorge serrée, mes camarades du CSE et moi, car c'étaient notre travail, notre sueur et nos salaires qui étaient ainsi annihilés, d'un coup de feutre rouge, par ce génie de Bill. D'un simple trait parabolique, il en signait la mort !

« On ne peut rien changer à cette baisse structurelle, elle est inscrite dans le marché même, nous expliquait-il ce jour lointain, les yeux exorbités, habité par sa démonstration. À moyen, voire à court terme, la presse magazine, qui nous a valu de si beaux succès, est condamnée. Bien sûr, on peut le regretter, moi-même d'ailleurs je m'en désole – disait-il d'une voix frémissante d'enthousiasme –, mais ça ne doit pas nous empêcher de regarder vers l'avant ! »

Il avait alors désigné du doigt, sur le mur, la deuxième courbe, bleue, celle qui décollait presque à la verticale, comme une fusée. Elle matérialisait, selon lui, les futurs résultats de l'activité numérique, en premier lieu ceux de Bagatelle – fleuron de la production vidéo sur Internet. En 2017 ou 2018, prédisait-il, les profits digitaux allaient s'envoler – de sorte que, globalement, le rendement de Prisma Media serait sauvé et même décuplé.

Ce petit numéro, Bill nous l'avait servi avec d'autant plus de conviction qu'il l'avait déjà présenté aux actionnaires allemands de Bertelsmann, ceux qui tenaient les cordons de la bourse de Prisma Media. Ils avaient ratifié, courant 2016, le rachat de Bagatelle pour un prix estimé entre trente et cinquante millions d'euros ! Dès 2014, d'ailleurs, ils avaient annoncé vouloir investir une centaine de millions d'euros chez Prisma pour de nouvelles acquisitions. Comment expliquer leur prodigalité ? Tout simplement par l'appât du gain. Bill avait fort probablement évoqué des dividendes importants à attendre, peut-être même de plus de 10 % par an, des *dividendes à deux chiffres*. Or, devant la perspective de *dividendes à deux chiffres*, un actionnaire est comme un toxico devant un paquet de poudre, il perd la boule. Ceux de Bertelsmann avaient donc signé, d'une main fébrile, un chèque à Bill.

Je me rappelle cette réunion de malheur… Les autres élus et moi-même baissions la tête, résignés, comme écrasés par les deux courbes cabalistiques tracées sur la grande feuille blanche, contre le pupitre. Seul Max avait objecté, d'une voix inhabituellement douce, incertaine :

– J'aimerais vraiment que vous ayez raison, Bill, pour l'avenir de Prisma ! Mais si l'on regarde bien la conjoncture économique, les profits numériques ne sont-ils pas déjà proches de leur apogée ?

Sur ces mots, mon camarade s'était levé et avait marché vers le tableau, frottant son crâne en signe d'intense réflexion. Il avait mimé une courbe invisible contre la feuille blanche. Son doigt avait d'abord accompagné la ligne bleue, montant vers le ciel, puis s'en était détaché pour retomber piteusement vers le bas, au bord du cadre.

– Voilà ce qui risque d'arriver avec Bagatelle, avait-il soupiré. Vos projections sont trop optimistes, Bill. À l'inverse, heureusement, je pense que les ventes de la presse vont rester encore longtemps bénéficiaires même si, je vous l'accorde, elles déclinent peu à peu. Allons, les journaux ont encore de beaux jours devant eux !

Planté devant le tableau, Bill avait penché la tête, comme ébranlé. Max et lui s'étaient regardés longuement, tels des critiques d'art échangeant leur analyse devant une toile abstraite. Soudain, le pédégé avait sursauté, revenant à lui. Éclatant de rire, il avait balayé du bras, comme un mauvais rêve, l'augure de Max. Allons, un obscur délégué syndical, habillé chez H&M et payé trois mille euros par mois, n'allait pas lui apprendre l'art complexe des bénéfices !

Et pourtant si… Car Max le cégétiste a un énorme avantage sur Bill, Nathalie et les autres ténors du comité de direction de Prisma, avec leurs salaires à six chiffres : il travaille sans relâche. Il peut éplucher jusqu'à 3 heures du matin les documents arides de l'entreprise, que ses propres dirigeants auraient, je présume, parcourus du bout des yeux, entre deux parties de golf ou deux week-ends de réflexion dans les boîtes de nuit de New York…

Résultat : après deux années fastueuses, la société vidéo Bagatelle n'a plus donné, conformément aux prévisions de Max, que de maigres fruits, bien décevants au regard de son coût initial. Niant d'abord cet échec, Bill le relativisa en imputant les difficultés de Prisma à la faillite – bien réelle il est vrai – du distributeur de journaux Presstalis, puis aux effets désastreux – tout aussi réels – de la Covid.

Autre investissement notable : Bill lança à la fin 2016 une cellule de développement interne, baptisée Molécule. Rien que de très banal, toute grande entreprise en a une, pour tenter de diversifier ses revenus, si ce n'est que Bill en confia la destinée à Albert B., un jeune homme émoulu d'une école de commerce de troisième division. Pourquoi lui ? Mystère… Il est comme ça, notre pédégé, audacieux – les actionnaires en auraient parfois eu des sueurs froides, et nous autres salariés aussi. Un jouet, vous ai-je dit, notre entreprise serait un jouet…

Comme le veut l'usage, Albert B. vint se présenter au CSE. On voulait voir qui allait avoir en charge le développement futur de Prisma Media et donc, indirectement, le sort de ses 1 100 salariés. On a vu… et on a secoué la tête, incrédules. Imaginez un grand jeune homme debout, les bras ballants, comme s'il avait peur de froisser son élégant costume gris aux reflets moirés. Près de lui se tenait, sur son trépied, l'inamovible tableau, avec dessus une feuille, portant une courbe qui s'envolait. Nous connaissions trop bien ce style de peinture moderne…

Ce jour-là, Albert commença son exposé. Il nous débita, d'une désagréable voix métallique, un sabir commercial, où il était question de « lancer des idées, puis de les faire pivoter, pivoter, pivoter, avant de les concrétiser ». Ce n'était plus du marketing, mais du patinage artistique ! Devant ce charabia, un élu éclata de rire. Un autre poussa un cri de rage. Albert sursauta, puis poursuivit.

Nous croyant estourbis par son verbiage, il glissa incidemment que l'activité de Molécule, dont il avait la charge, ne se déploierait pas à Gennevilliers, mais… dans le Marais, à Paris.

– Enfin, pourquoi ? s'indigna un de nos élus. Pourquoi de telles dépenses de loyer, alors que l'heure est aux économies ?

– Pour profiter de l'oxygène novateur de ce quartier, nous répondit Albert sans rire. Là-bas, les opportunités surgissent à tout instant, dans les bureaux, les escaliers, les rues, les cafés, partout !

Partout sauf chez Molécule. Cette mirifique cellule de développement, avec ses idées derviches, ne généra guère de projets, ni encore moins de profits. Elle ne produisit pas grand-chose d'autre que deux salaires coûteux (ceux d'Albert et d'un comparse) et des loyers en rapport (avec plafonds à moulures et parquets en point de Hongrie ?) – et pour cantine, sans doute, un délicieux petit japonais au coin de la rue. Au bout de quatre années, Albert partit pour d'autres cieux, très probablement avec un dernier gros chèque pour le dédommager de sa peine.

Toute cette comédie, toutes ces dépenses, tous ces mirages seraient assez divertissants s'ils n'avaient finalement mené les actionnaires de Bertelsmann à se débarrasser de Prisma Media, comme d'un citron sec, en le vendant à Vivendi. Avec ses investissements très criticables, Bill nous avait précipités dans la gueule du loup, ou plutôt du Boa…

Voilà pourquoi, ce jour de mai 2021, Étienne R. se retrouve devant nous. Sa tête énorme, sur chacun de nos écrans, arbore un sourire gourmand. Ses bajoues tremblent joyeusement. D'un petit geste, il nous invite à approcher de son visage, en une sorte d'intimité virtuelle.

– Allez, chuchote-t-il, les lèvres collées contre l'écran. Posez-moi toutes les questions que vous jugerez utiles. Je suis tout ouïe !

Je sursaute, comme seize des autres élus – Max, lui, ne s'étonne jamais de rien. « Tout ouïe » : ça ne peut pas être une coïncidence, le Mérou connaît son propre surnom et s'en amuse ! Cet homme joue avec nos neurones !

Étincelants comme des lapis-lazuli, ses yeux plongent dans les miens et les percent, telle la pointe d'une aiguille tirant un escargot de sa coquille. Il aspire la substance de mon cerveau… mais soudain, le bousculant dans mes pensées, la tête de François V.

m'apparaît ! Le petit photographe de *Capital* est là, au fond de mon crâne, remuant les lèvres, mais je ne l'entends pas. Il a le regard fiévreux, le teint blafard, une goutte de sueur perle à son front. On dirait le fantôme de Hamlet père… Il essaie de me souffler quelque chose. Je tente de déchiffrer son message, mais ses lèvres articulent sans un son. Soudain, il s'empare directement de ma voix…

– Monsieur Bolloré aime à dire qu'il appartient à une lignée de hardis marins bretons, lancé-je sur un ton aigu, en transe. Or, depuis des années déjà, Prisma Media n'est plus qu'un vaisseau fantôme. Alors, j'aimerais vous demander fort simplement : qu'est-il donc venu faire dans cette galère ?

Je pose la main sur ma bouche, honteux d'avoir laissé s'échapper ces inepties. Cependant, François hoche la tête dans mes songes, satisfait de ma transcription. Édith m'apparaît à son tour. Je crois la voir dans l'obscurité électrique du couloir, battant des mains comme une enfant au cirque. Elle approuve ! Max aussi : il lâche un petit cri de souris, au fond de mon ordinateur. Quant à Étienne, il me regarde, gueule ouverte, œil rond. Le Mérou est nu. Il était prêt à tout, mais pas à l'absurde.

Tel un comparse de corrida détournant le taureau en furie du toréador blessé, Bill saute dans l'arène. Il s'exclame :

– Je ne comprends pas pourquoi vous accablez notre invité de vos stupides métaphores !

– Les métaphores sauveront le monde ! réplique Max, volant, comme de coutume, à mon secours.

Des images sans queue ni tête se succèdent sur mon écran. Pour ajouter à l'agitation, Max fait tourner son écharpe au-dessus de sa tête comme une pale d'hélicoptère. Le désordre, c'est la vie !

a-t-il appris dans l'opposition interne de la CGT. Bill le menace du doigt, livide sous son bronzage. L'Impatiente lisse ses longs cheveux noirs d'un air absent.

– Je vais traduire la question de notre secrétaire, reprend Max une fois le brouhaha passé. Pourquoi Vivendi s'intéresse-t-il à Prisma Media ? Veut-il, comme il l'a fait à Canal+ et à CNews, mettre les journalistes au pas ? Ou pouvez-vous nous dire, ici, que vous soutenez l'adoption d'une charte de déontologie ? Ce serait un message apaisant envers les salariés.

Max, comme d'habitude, tente de tirer un avantage concret de la situation. Il est programmé pour. Après avoir éteint un court moment la caméra de son ordinateur, peut-être pour retrouver ses esprits, Étienne R. réapparaît. Ses bajoues, un instant blafardes, rosissent et se gonflent de nouveau paisiblement. Il soupire, indulgent :

– Je comprends vos inquiétudes, mais faites-moi confiance.

Un mugissement sourd monte des entrailles de l'ordinateur. Je crois entendre les notes du chœur des esclaves de *Nabucco*. Vous faire confiance ? grondent les représentants du personnel de l'intersyndicale SNJ-CGT – et un ton au-dessous, plus poliment, ceux de la CFDT –, vous rigolez ?

– Écoutez, poursuit le Mérou, un large sourire aux lèvres, voilà ce que je vous propose : reprenez votre négociation sur la charte de déontologie. Bill est parfaitement habilité à la conduire. Et si les choses n'avancent pas assez vite, venez me voir, n'importe quand. Ma porte vous est grande ouverte !

Nous ne le savons pas encore – sauf peut-être Max, qui n'est pas né de la dernière cession – mais cette phrase, lénifiante, se révélera être un leurre. Les semaines suivantes, la négociation sur la charte de déontologie est sans cesse repoussée par Bill. Je multiplie alors, en tant que secrétaire du CSE, les coups de fil à Étienne R. et suis éconduit chaque fois par sa secrétaire. « Il n'est pas là », murmure-t-elle, tout en laissant le rire glouton de son maître envahir distinctement le combiné, depuis le bureau d'à côté…

Susciter des espérances sans les satisfaire, c'est une excellente façon de juguler la contestation. Qui redemande de l'humiliation ? Sans doute cette stratégie psychologique de direction est-elle apprise par les jeunes pousses, dans les écoles de management. Peut-être même porte-elle le nom de « coup du Mérou » ?

V
Boa junior se fait les crocs

« Les métaphores sauveront le monde! » Sacré Max... Il n'a pas tort. Il nous faut chercher des raisons poétiques, masquées, d'espérer, car la réalité, elle, ne nous laisse aucune chance.

Nos nouveaux maîtres sont dans la place. La cession s'est déroulée dans la nuit. Un message laconique, dépourvu de toute fioriture, annonçait ce matin sur le site du groupe que Bertelsmann cédait ses parts de Prisma Media à Vivendi, souhaitant bonne chance à l'entreprise.

Ça faisait plus de quarante ans que Prisma voguait sous pavillon allemand. On est fleur bleue dans la presse, même à la CGT. D'accord, on aimait taquiner nos patrons d'outre-Rhin. Selon une blague rituelle, quand Axel Ganz, le fondateur du groupe, demandait à ses subordonnés français quelle était leur occupation préférée, ceux-ci répondaient, potaches: l'occupation allemande, Herr Ganz! N'empêche, on les aimait bien, nos cousins germains. Il y avait en nous un peu de Mitterrand donnant la main à Helmut Kohl. Un côté petits frères...

Ce matin, juste après l'annonce de la vente, sur prismamedia.fr, Max m'a appelé. Il m'a parlé de l'arrivée de Bolloré dans les murs, des journalistes qui allaient partir, comme chez Europe 1, de la charte de déontologie qu'il fallait réclamer sans relâche, bref de tous les foyers, fussent-ils des feux de brindilles, sur lesquels il faudrait souffler. Mais soudain, il s'est interrompu. La nostalgie faisait vaciller l'inflexible Maximilien…

– Quand je pense qu'ils nous ont quittés sans un *auf wiedersehen*, a-t-il murmuré, blessé.

De sa guérite, Grigor Z., l'agent de sécurité, garde les yeux fixés sur la barrière blanche du parking. De temps à autre, il tourne la tête vers l'avenue, au loin. C'est par là que doivent arriver les invités, conviés à la cérémonie de cession du groupe Prisma Media à Vivendi. On attend Yannick Bolloré, le fils du boss, et Arnaud de Puyfontaine, son plus fidèle collaborateur, son Mazarin. Vincent Bolloré, lui, restera absent. Il ne constitue plus, d'ailleurs, qu'une puissance tutélaire – mais omniprésente – dans le groupe, ayant officiellement cédé les commandes à son fils et à Puyfontaine pour ne garder qu'un titre à l'intitulé taquin : en avril 2019, Vincent Bolloré a été nommé, dans l'organigramme de Vivendi, Conseiller et… Censeur.

Grigor me voit approcher depuis le métro, et me sourit. Nous discutons tennis, parfois, je me fais un plaisir de flatter son patriotisme serbe en lui chantant les louanges de Novak Djokovic. Ce matin, je m'approche de sa guérite et tends le poing pour le saluer – toujours ces fichues règles sanitaires. Cheveux en brosse, visage massif, lunettes fumées, il choque délicatement ses phalanges contre les miennes, avec une grimace inquiète. Grigor est une montagne de muscles et a toujours peur de faire mal, même sans le vouloir.

Le temps est doux, la nuit a laissé derrière elle un intense ciel bleu, qui surplombe l'avenue. Des trilles d'oiseaux se répondent de loin en loin, comme si elles exploraient le printemps naissant. Pourtant, le froid d'hiver me fait encore trembler les épaules. Et les paroles de Max aussi. Nous sommes restés longtemps au téléphone, ce matin, et ses mots étaient glaçants.

– On n'a aucune chance, m'a-t-il dit avec une certitude presque joyeuse. Ils vont nous écraser, avec ou sans grève ! C'est ce qu'ils ont fait à CNews, à Canal+, maintenant à Europe 1. Le Crotale a ça dans le sang.

Tiens, il y a des variantes… La voix de Max résonne dans ma tête douloureuse, toute chiffonnée d'insomnie, et voilà qu'une limousine approche au loin, flottant sans un bruit sur l'avenue.

Les tempes me battent. Je vais sortir de mon rôle, pensé-je soudain. Transformer ce qui me passe par la main en munitions. C'est ça, la puissance des métaphores ! Mes doigts tremblent de nervosité. Après tout, les premiers révolutionnaires ne savaient pas que les pavés étaient des projectiles, il a fallu bien de l'imagination pour leur deviner cet usage… Dans ma poche, je sens les angles durs de mon téléphone portable. Si je l'expédie d'un coup sec, il fissurera le pare-brise de la limousine qui approche. Le conducteur donnera un coup de volant et sa voiture fera une vague, sur la chaussée. Puis elle absorbera le choc. Ça ne changera rien, strictement rien… À moins qu'un autre salarié ne m'imite, puis un troisième, et qu'une pluie de Samsung et d'iPhones ne s'abatte sur le pare-brise patronal. J'attrape mon téléphone, tends le bras en arrière. Ma silhouette se découpe sur le bleu du ciel, on dirait un révolutionnaire sur un poster des années 70…

– Oh pardon ! s'exclame Grigor, brisant net mon rêve.

À la manière d'un agile joueur de basket-ball, il a donné un coup de patte sur ma main et, au lieu de s'envoler, mon portable chute et ricoche sur le bitume. Je me jette par terre à quatre pattes pour le ramasser. Son écran est fêlé. La limousine roule à côté de moi et ses pneus stoppent net à mon niveau, agrippant le macadam. Au-dessus de ma tête, la vitre électrique s'ouvre et un visage se penche par la portière :

– Tout va bien ? me demande un jeune homme affable, au visage encadré par une belle chevelure noire.

C'est Yannick Bolloré, le fils de Vincent. Il a ce sourire compatissant, philanthropique, que je lui ai déjà vu sur des photos, prises lors de galas de bienfaisance du PSG ou de l'Opéra de Paris. On sent un homme qui a appris, de façon peut-être un peu scolaire, mais avec bonne volonté, à faire le bien. Je hoche la tête. Il sourit, rassuré. La vitre se referme, la voiture franchit l'entrée et s'enfonce dans le parking.

– C'est un bon patron, approuve Grigor.

Il me tend le bras pour me relever, puis me sourit, paternel. Tu allais faire une grosse bêtise, mon petit Français !

Les 1 100 salariés de l'entreprise sont conviés à la passation de pouvoir, chacun derrière son ordinateur, cela va sans dire. Le gouvernement ayant quelque peu assoupli ses directives, certains se sont réunis en petits comités dans les bureaux de Prisma, à Gennevilliers.

Lorsque Yannick Bolloré apparaît sur les écrans, des murmures approbateurs se font entendre un peu partout dans le building. C'est plutôt un beau garçon, il est vrai, avec sa chemise blanche, ses cheveux noirs aux vagues romantiques, et son sourire décontracté. Il est installé dans le studio multimédia de Prisma, avec Bill et Arnaud de Puyfontaine, quinquagénaire au large sourire – qui lui donne des faux airs de Fernandel.

Le studio, destiné habituellement à accueillir starlettes et chanteurs à la mode pour des interviews diffusées sur nos sites Internet, est décoré comme un appartement de *soap opera.* Aux murs, des briques rouges patinées, par terre un parquet garni d'un grand tapis de laine blanche, sur le côté une cuisine américaine entièrement équipée et, dans le fond, un escalier montant vers un hypothétique étage, façon duplex… Pour un peu, on croirait que le chien de la famille, un labrador par exemple, va surgir et aboyer joyeusement !

Assis dans trois profonds fauteuils, autour d'une table basse ornée d'une pile de gros livres, Bill, Yannick et Arnaud de Puyfontaine semblent s'interroger les uns les autres du regard : qui a eu l'idée de ce cadre inepte ? Puyfontaine a hérité du détail qui tue. À côté de lui, contre le mur, est posée négligemment… une guitare électrique blanche. Va-t-il l'attraper et, comble de la décontraction, nous gratifier d'un solo ?

De bonne composition, Yannick lève ses yeux clairs vers la caméra et commence son discours. Il nous regarde avec franchise à travers l'écran. Il pratique le management dit convivial, jouant sur la séduction pour faire oublier la fadeur du propos.

– *Ensemble*, nous allons écrire une nouvelle page de l'histoire de votre magnifique groupe, Prisma Media…

Tandis qu'il parle, je me promène à travers les bureaux. Les salariés, hommes et femmes, se sont groupés autour des ordinateurs. La lueur qui monte des écrans illumine leurs visages. Des commentaires blagueurs saluent le physique avantageux de Bolloré Jr. Çà et là, on approuve sa chemise immaculée, sa montre élégante – une Bulgari, hasarde un journaliste d'un de nos magazines people, spécialisé dans le luxe.

Pour un peu, comme les autres, je me laisserais séduire. Dans les bureaux que je traverse, le visage du dauphin est répliqué de pièce en pièce sur les moniteurs. Comme il est jeune, pour diriger 1 100 personnes ! me dis-je par-devers moi.

– Vous allez bientôt découvrir Vivendi, votre nouvelle maison. Je serai si heureux de vous…

La suite logique serait « accueillir » mais sa langue fourche et à la place, Yannick dit : « Je serai si heureux de vous acquérir ! » Il porte la main à ses lèvres, gêné.

En entendant ce lapsus, deux salariés, penchés sur un écran, sursautent comme des souris devant un piège. Dans la lumière spectrale des écrans, leurs yeux sont démesurés, hagards. Leur peau est terne, parcheminée, le rayonnement blafard de l'ordinateur ne leur vaut rien.

L'un des deux journalistes qui regardent, près de moi, l'allocution de Yannick Bolloré, émet un bruit de bouilloire. Il a les poumons qui sifflent. On manque d'air chez Prisma Media. Littéralement. Les syndicats dénoncent depuis des années la climatisation défectueuse des bureaux. Mais il n'y a rien à faire. Notre direction nous a envoyés, au début des années 2000, dans cet immeuble de Gennevilliers à cause de son loyer modique. Il fallait bien éponger les baisses des ventes des magazines. Nous sommes une industrie en déclin. Avez-vous remarqué, dans Paris ? Les kiosques à journaux ferment les uns après les autres, la presse ne fait plus recette. Ou presque plus… Car pour notre chance, ou notre malheur, ce déclin n'en finit pas, il n'a rien d'un effondrement fulgurant – contrairement aux prédictions de cet aigle de

Bill. Nous rapportons donc encore des dividendes à nos actionnaires – mais au prix d'économies toujours plus rigoureuses.

Voilà pourquoi les journalistes ont mauvaise mine. Et qu'ils craquent. Un matin, j'appelle une amie travaillant au magazine *Gala*. Je lui demande comment elle va. « Pas bien du tout ! » gémit-elle. Son patron lui a refusé un jour de congé. Il n'arrive pas à organiser le bouclage du numéro sans elle. C'est tout ? Je souris, croyant qu'elle me fait une blague. Allons, ce n'est pas l'amie fière et vaillante que je connais ! Pourtant si, c'est bien elle qui sanglote à gros bouillons pour ce jour de repos, petite bouée de sauvetage sur laquelle elle comptait tant. Ou parce que c'est la dixième humiliation qu'elle subit.

Nous sommes des employés fatigués… À l'inverse, sur tous les écrans du building pendant son allocution, Yannick Bolloré, le jeune apprenti milliardaire, rayonne, le visage lisse, le teint frais ! Soudain me revient en pensée une phrase énigmatique de Marx : « Le capital est du travail mort, qui ne s'anime qu'en suçant tel un vampire du travail vivant. » Voilà, j'en ai enfin trouvé le sens, l'incarnation !

La voix de Yannick résonne d'ordinateur en ordinateur, comme s'il était partout et nulle part à la fois. J'emprunte un long couloir donnant sur une succession de bureaux vides aux lampes inutilement allumées. Je crois revoir, comme des spectres, les salariés qui travaillaient là avant d'être renvoyés précipitamment à domicile, devant l'avancée de la Covid. Au long de mes pas, sur la moquette grise, des flèches sont dessinées, avec des bandes de sparadrap noir. Conformément au protocole sanitaire, les employés doivent tous marcher dans le même sens, afin d'éviter les rencontres, porteuses de virus. Ceux qui veulent rejoindre l'autre bout du bâtiment empruntent un couloir parallèle.

En fait, pensé-je en avançant dans le corridor désert, ces mesures sanitaires sont absurdes. Comment la maladie pourrait-elle encore se propager ici ? Nous sommes une centaine de salariés à errer sur l'ensemble du site. Les mille autres sont chez eux. Pourtant, il nous faut respecter le sens de la marche et porter des masques chirurgicaux qui peluchent contre nos nez et nos lèvres.

J'atteins un couloir plus large où la circulation à double sens est admise. Un employé me croise et me salue. Une odeur âcre de transpiration traverse soudain mon masque. Je me retourne, surpris, et suis des yeux cet inconnu malodorant, marinant dans ses vêtements sales. Cependant, après s'être dissipée un instant, la puanteur me rattrape, s'infiltre dans mes propres vêtements. Il fait trop chaud, toujours cette clim pourrie. Je suis en nage. Je sens mauvais, moi aussi.

Je pousse une porte et arrive sur un palier. Le visage rayonnant de Yannick Bolloré apparaît sur une télé géante. Elle retransmet son allocution, mais le son est coupé. Je vois remuer ses lèvres et crois l'entendre :

« Pauvres serfs à l'odeur pestilentielle, semble-t-il dire dans mon crâne, pauvre vermine dégoûtante, je vous acquiers, oui, je vous acquiers, en ma qualité d'héritier de l'empire ! »

Je baisse la tête et mes mains se joignent humblement. Elles esquissent un geste, comme si elles trituraient quelque chose. « En entendant leur maître, les serviteurs du domaine tenaient leur casquette entre leurs doigts *gourds*. » J'ai lu cent fois cette description, dans des romans historiques, avec cet adjectif suranné, et je la rejoue soudain : sous le regard triomphant de Yannick, mon dos se voûte et, pour me donner une contenance, j'agite vainement les doigts, malaxant le vide. Hérédité d'esclave…

Je lève le bras pour me protéger les yeux, car une étincelle m'éblouit. Yannick Ier vient de bouger la main et à son poignet brille un bracelet, peut-être dynastique !

Me revient, en flash, un article consacré aux Bolloré, publié par le journal *Le Monde*. Dans sa prime jeunesse, Yannick s'est fâché avec son père, car celui-ci avait quitté sa mère pour la sœur de celle-ci, sa propre tante ! Pris d'une rage noire, racontait le papier, Yannick empoigna alors les vêtements de Vincent, dans la paisible villa Montmorency où il habitait, et les jeta par la fenêtre. Qu'on imagine la scène, le jeune homme lançant dehors les costumes, les manteaux – toute une pluie textile sur le paisible jardin de la résidence. Un prince vigoureux naissant à la colère, tel Richard Cœur de Lion, défiant son propre père, le roi Henri II, en 1173… Du simili-Shakespeare en plein XVIe arrondissement.

Puis l'argent, le service des affaires familiales ont manifestement pansé les plaies – comme d'ailleurs celles de Richard Cœur de Lion, qui a déposé les armes et imploré le pardon d'Henri en 1174. Dans certaines familles, quand on a dix-sept ans et quelque, on est vite très sérieux. Vincent a nommé son fils à la tête du géant de la communication Havas, avant de le charger d'intégrer Prisma Media à l'empire Vivendi. Le jeune homme s'est rangé. Je regarde ses yeux impassibles, son sourire serein, sur l'écran. Où est passée sa sainte colère d'enfant blessé ?

Été 2021

VI
La quote-part du lion

Chaque vendredi, j'ai rendez-vous au café avec François V. Lors de ces entrevues, il me rapporte fidèlement tout ce qu'il a appris de Bolloré – aussi bien les informations internes de Prisma que celles qu'il a glanées dans la presse. François s'est jeté à corps perdu dans sa mission d'informateur, de lanceur d'alerte. Trop confiant dans le pouvoir des représentants du personnel, il a la certitude que je peux changer le cours des choses. Ce jeune idéaliste, tombé d'une autre époque, me fixe avec des yeux fervents, comme si j'étais Jean Moulin en personne…

Pendant l'été 2021, Vivendi prend définitivement le contrôle d'Europe 1 en entrant au conseil d'administration de sa maison mère, le groupe Lagardère. Par la même occasion, il se met en position de gober deux autres géants des médias, *Paris Match* et *Le Journal du Dimanche*. On l'annonce même, bientôt, à la tête du *Figaro* – rumeur cependant vite démentie.

Je me rappelle un titre sur un journal qu'Édith photocopiait dans l'ombre : « Bolloré, un danger pour la démocratie ? » Le Boa, amusé, joue avec les peurs, avec les interdits, avec la réalité même. Celle-ci reste pétrifiée, incapable de réagir, de se reprendre, de se pincer. L'empire Vivendi croît sans frein dans la France entière, colonisant les postes de télévision et les kiosques à journaux, à coups de programmes ineptes et d'informations déformées.

Un homme incarne cette emprise : Éric Zemmour. À l'été, le visage de cet inquiétant polémiste d'extrême droite, condamné plusieurs fois pour ses saillies racistes, apparaît sur les dos des abribus, sur les couvertures des magazines et bien sûr, plus fréquemment encore que d'habitude, sur les chaînes de télévision du groupe Vivendi. Une question est lancée tout à coup, comme on appuie sur le bouton rouge : et s'il se présentait à l'élection présidentielle de 2022 ? La première fois, l'hypothèse semble incongrue. Mais elle est peu à peu répétée en une d'un journal, puis d'un autre, et nous nous y habituons, comme à une mélodie du malheur. Son refrain est particulièrement relayé sur CNews – qui fait bientôt paraître des sondages encourageants pour l'apprenti candidat. On ne semble jamais si bien servi que par soi-même : Zemmour est alors chroniqueur sur cette chaîne appartenant à Bolloré[1]. Or, bien que ce dernier le démente, nombreux voient en lui le chef d'orchestre de cette campagne pré-présidentielle. Une enquête, parue en novembre 2021 dans le journal *Le Monde*, précise que le milliardaire et Éric Zemmour s'entretiennent tous les jours au téléphone. Le polémiste déclare d'ailleurs publiquement sa flamme à Vincent Bolloré.

---

1. Il la quittera au début du mois de septembre, suivant un avis du CSA qui s'inquiète de le voir conserver ce poste tout en concourant à l'élection présidentielle.

Il le qualifie, dans une interview, de « patriote voulant défendre la France ». Un peu empressé, il ajoute : « Je sais, pour en avoir discuté avec lui, [qu'il] est très conscient du danger de civilisation qui nous guette [...]. » Danger provenant, selon Zemmour, de la trop grande présence d'immigrés et d'enfants d'immigrés musulmans sur le sol français. L'argument phare de sa future campagne électorale est ainsi dévoilé. Ça va être du propre.

Le café où nous avons nos rendez-vous secrets, François et moi, est une vieille bicoque ouvrière oubliée des bulldozers gentrificateurs, juste au coin de l'immeuble Prisma. Ce bistrot est si sombre et ses vitres si grises qu'on ne voit pas à l'intérieur – ce qui est bien pratique pour y discuter en paix. Tandis que François me parle, je regarde passer devant la fenêtre les salariés qui avancent, éberlués, sur l'avenue, vers un avenir désormais incertain, car nous sommes maintenant des employés de Bolloré.

Le Boa, je l'ai déjà dit, est réputé pour couper les têtes dès qu'il arrive quelque part. Coïncidence ou pas, Bill est débarqué en septembre 2021. J'ai raté son départ, car j'étais en télétravail ce jour-là, mais François me raconte ses dernières heures chez Prisma.

Le pédégé banni a donné une petite réception dans la cafétéria pour faire ses adieux, avec des boissons et des minicanapés. Des salariés se sont massés aux fenêtres, pour observer la scène de loin. D'autres sont même descendus saluer Bill, en souvenir de ses bienfaits. Des amnésiques, sans doute. Un petit attroupement s'est formé devant l'entrée de la cafétéria car ils voulaient se mêler à la fête. La piétaille de l'entreprise croyait naïvement être invitée par son chef, mais Grigor a ramené les assaillants à la raison. « Cocktail réservé à la direction ! » leur a-t-il précisé avec un sourire affable.

À l'intérieur, Valentino faisait un discours de circonstance. Il ne pouvait pas se plaindre, soupira-t-il en substance, car il avait eu une belle carrière. En fait, comme le savaient ses hôtes, il devait surtout se taire car la règle, ou même généralement un accord écrit, imposait que les top managers s'abstiennent, en partant, de toute récrimination publique. Aussi Bill affichait-il, au milieu de ses convives émus, une dignité proche de celle de Socrate buvant la ciguë, sauf que lui sirotait un excellent champagne.

Selon une rumeur, digne des *Mille et une nuits*, qui a couru dans tout Prisma, le pédégé a alors offert à chacun de ses disciples une petite bourse de pierres semi-précieuses. Puis il les a quittés, sortant de la cafétéria. La classe…

Le pédégé n'avait plus rien, en revanche, à donner aux employés de base venus le saluer derrière la porte. Il leur a donc distribué des baisers tout en formant ces mots muets, avec ses lèvres : « Je vous aime ! » Ça ne mangeait pas de toast… Il y a eu des applaudissements autour de lui, mais aussi quelques sifflets épars descendant des fenêtres. Avant de franchir la barrière de l'entrée, Bill a ajusté un élégant sac de cuir sur son dos, trop menu pour contenir des dossiers, des documents ou des livres. Et si, ont fantasmé quelques témoins, il y avait malicieusement caché des liasses de billets, les promenant ainsi, sans que celui-ci le sache, sous le nez du petit personnel ? Ses derniers émoluments, peut-être quelques milliers d'euros, pour l'enlisement de la négociation sur la charte de déontologie ou tout simplement pour prix du silence ?

– Alors qu'il atteignait son taxi, termine François, une salariée a rigolé depuis un bureau, au-dessus de la cour : « Sacré Bill ! Petit sac, mais grosses coupures ! »

À travers le récit de François, je crois deviner la voix vengeresse d'Édith, ses formules mordantes. Chic, elle a repris du poil de la bête !

VII
Être mangé ou être manager

D'après une rumeur qui court les semaines suivantes dans les couloirs de Prisma, Bill serait parti avec un bonus de deux millions d'euros. Lors d'un CSE, en « off », nous testons ce montant auprès de la direction, notamment de Nathalie, qui sourit sans démentir. Le chiffre pourrait donc se situer dans ces eaux-là – sinon elle nous ferait probablement la grande scène du deux, protestant contre nos exagérations proverbiales, nos calomnies coutumières. La somme est d'ailleurs presque modeste. En 2009, le prédécesseur de Bill aurait bénéficié, lui, selon une information parue dans *La Tribune*, d'un golden parachute de trois millions d'euros.

Deux millions, imaginé-je rêveusement, ou peut-être même seulement un et demi… À mettre en rapport, par exemple, avec la rétribution des pigistes, les journalistes extérieurs employés par Prisma Media. Ce sont un peu les troubadours du groupe que la direction paie à coups de piécettes.

Voici quelques années, vers 2011, lorsque je travaillais à *Géo Histoire*, ma supérieure, Sophie M., m'a appelé dans son bureau et a fermé la porte derrière moi – une manie décidément. Il n'était pas question, cette fois-là, des petits secrets de Vuitton, mais du tarif du feuillet. Le feuillet est une page d'écriture de 1 500 signes, soit environ 300 mots – c'est l'unité de mesure du travail des journalistes pigistes. Nous leur commandons des articles de deux, trois, cinq feuillets, et les payons évidemment en fonction du nombre.

À l'instant où j'entre dans le bureau de Sophie, le tarif, à *Géo Histoire*, est de 160 euros brut le feuillet. « J'ai comparé avec la concurrence et c'est beaucoup trop, soupire-t-elle, peut-être agacée de s'en apercevoir si tard. Comme tu le sais, siffle-t-elle entre ses lèvres, Prisma doit faire des économies, nous allons donc passer à 120 euros le feuillet. » Je fais un rapide calcul mental et quelque chose s'effondre dans ma tête. C'est la paie des pigistes, emportée par petits bouts, comme une falaise par les vagues : ils sont sur le point de subir une perte de revenus de 25 %, décidée de façon apparemment discrétionnaire, au fond d'un bureau obscur. Et cela sans même qu'il soit besoin de le leur signifier par écrit ? Quel salarié accepterait cela ? Ni Sophie, ni Bill, ni moi – aucun. Hélas, les pigistes ne sont pas tout à fait des salariés comme les autres. Prisma Media – comme ses concurrents – n'est tenu à aucun engagement envers ces soutiers de la presse, si ce n'est de respecter le tarif minimum légal du feuillet, autour de 52 euros brut, une misère. La loi interdit, en principe, de baisser leur rémunération, ce que se garde bien de me dire Sophie ce jour-là ; mais de toute façon, pour la faire appliquer, il faudrait qu'ils attaquent leur employeur en justice et cessent donc de travailler pour lui… Au bout de deux ou trois ans de procédure coûteuse – que l'entreprise prolongerait en multipliant les appels –, ils auraient de bonnes chances de recevoir un juste dédommagement, si toutefois ils ne mouraient pas de faim avant.

J'appelle un par un mes pigistes pour leur annoncer la nouvelle. J'ai rarement eu aussi honte. Imaginez ! « Hum, pendant que je te tiens, nous allons te payer désormais 25 % moins cher, pour le même travail. Tu acceptes, oui ou non ? Si c'est non, nous ne ferons plus appel à toi. » Certains me raccrochent au nez. Ils préfèrent aller se faire pendre ailleurs. D'autres hurlent qu'ils traîneront Prisma devant les tribunaux. « C'est leur droit », commente, pince-sans-rire, Sophie quand je lui rapporte leur menace. Enfin, les plus réalistes me disent, avec un mépris non dissimulé : merci quand même de me prévenir.

J'y repense des années plus tard, lorsqu'on m'annonce le montant – plausible – du bonus de Bill : deux millions d'euros, ça en fait des feuillets à 120 euros, et même à 160 ! Avant ce bouquet final, notre pédégé était probablement payé des dizaines de milliers d'euros par mois, en salaire et primes diverses. À l'autre bout, Vincent L. par exemple, un de mes plus brillants journalistes extérieurs à *Géo Histoire*, enquêteur réputé, romancier reconnu, diplômé de Sciences Po, émarge les très bons mois, quand nous lui commandons trois ou quatre gros articles, à trois mille euros bruts. D'autres mois, c'est la moitié, d'autres rien du tout – quand les commandes se tarissent… Oui, m'objectera-t-on, mais entre Bill et mon Vincent, l'un fait la fortune de Prisma, tandis que la contribution de l'autre y est minime.

C'est parfaitement exact ! Prisma doit tout à Vincent et aux quelques centaines de journalistes pigistes, ainsi qu'aux photographes et aux illustrateurs qui nous fournissent la matière première de nos journaux. Sans eux, leurs pages resteraient vides, blanches, et donc invendables.

De son côté, de quelle plus-value pouvons-nous créditer Bill ? Elle est difficile à estimer. J'ai déjà parlé de ses brillantes intuitions, ses rachats d'entreprises, pour plusieurs dizaines de millions d'euros, qui devaient faire la fortune de Prisma Media. Ces rachats étaient censés compenser l'effondrement des ventes de nos magazines, que Bill, en 2016, jugeait imminent. Prédiction digne à mon sens de Nostradamus – et non de Paul le Poulpe[1] : non seulement nos magazines continuent à se vendre en 2021, mais ils fournissent, bon an mal an, la majeure partie des bénéfices de Prisma Media. Heureusement qu'ils sont là ! Et heureusement que les pigistes, si mal traités, sont là pour en produire les contenus…

Bill appartient, au sein de Prisma, à une petite caste qu'on appelle le comité exécutif (ou « Comex »). Ce comité regroupe les huit ou dix cadres dirigeants de l'entreprise, le gratin, la crème de la crème : pédégé, directeur des ressources humaines, directeur financier, directeur en charge du développement digital, directeur ou directrice des publications… En dessous, il y a ce que l'on appelle les top managers – une vingtaine d'« élus », notamment les éditeurs, en charge de plusieurs titres, et au-dessous d'eux les principaux rédacteurs en chef, mais aussi les responsables de la pub, de l'informatique… Et un cran plus bas encore, d'autres rédacteurs en chef, puis les rédacteurs en chef adjoints, mais aussi les assistants directs de Nathalie au service des ressources

1. Paul était un petit poulpe habitant un aquarium dans la ville d'Oberhausen, en Allemagne. Il s'est fait remarquer, pendant le championnat d'Europe de football 2008 puis la coupe du monde 2010, pour ses talents divinatoires. On s'est aperçu que lorsqu'on posait devant lui des cartons sur lesquels étaient indiqués les noms d'équipes nationales qui allaient s'affronter, le poulpe indiquait d'un coup de tentacule celle qui allait gagner, sans jamais ou presque se tromper. En quatorze matchs, Paul a donné douze fois le pronostic exact !

humaines, ou les managers de base du service de la pub, du développement digital, etc. On est manager, pour résumer, dès qu'on a des gens sous ses ordres.

Manager… ce mot fait peur quand il ne fait pas rire, comme dirait une chanson de Michel Berger (« Message personnel »). Il fait fantasmer aussi. Un jour, tandis que je marche sur le pont de Gennevilliers, je croise deux lycéennes de cette ville déshéritée. Elles échangent, à voix haute, leurs rêves d'avenir. L'une lance, des étoiles plein les yeux : « Moi, plus tard, je veux être manageuse ! » Je hoche la tête, avec une vieille pointe d'envie. N'aurais-je pas mérité d'en être un, moi aussi ?

Manager… Ce métier, ou plutôt ce titre, cette distinction, s'accompagne dans la presse comme sans doute ailleurs d'une série de privilèges, petits et grands – qui sont comme des colifichets du pouvoir. Chez Prisma, ainsi, un manager a ses entrées au « restaurant VIP » (*sic*) de l'entreprise, version améliorée, avec nappe blanche et serveurs, de la cantine. Il peut déguster son céleri rémoulade dans une petite salle ouatée située un étage au-dessus du réfectoire de la plèbe. Le manager jouit évidemment, aussi, d'un téléphone portable professionnel – à dire vrai, même des non-managers en disposent – mais surtout, s'il côtoie les sommets, d'une voiture de fonction, avec ou sans chauffeur, et d'une carte bleue délivrée par l'entreprise pour les dépenses liées de près ou de loin à son travail – ce que l'on appelle les « notes de frais ».

À cela s'ajoutent des avantages divers. Pour des raisons personnelles, après le week-end, Bill ne rentre travailler à Gennevilliers que le lundi après-midi. C'est une faveur qu'il a négociée directement avec Bertelsmann, maison mère de Prisma Media. Parce qu'il le vaut bien…

De tels bienfaits, d'ailleurs, ruissellent sur quelques non-managers chanceux, mais de façon occulte, au bon vouloir des princes. Nous avons appris, à la CGT, par nos canaux d'information (occultes eux aussi) qu'une cadre avait été autorisée à télétravailler depuis une lointaine ville étrangère, Helsinki, où elle avait des attaches familiales. C'est parfaitement contraire au règlement intérieur de Prisma Media, appliqué aux salariés sans la moindre dérogation, et qui stipule qu'on doit impérativement rester en France pour pouvoir rejoindre plus facilement la maison mère de Gennevilliers, en cas de besoin. Alors, pourquoi cette exception ? Parce qu'un top manager, n'écoutant que son bon cœur, a décidé d'accorder cette ambassade finlandaise à l'une de ses protégées. Chut, ça reste entre nous…

Les managers constituent, en fait, une sorte de noblesse. Plus ils s'élèvent dans la hiérarchie, mieux ils sont rétribués, et plus ils jouissent d'avantages. À ce que j'ai observé, en prime, moins ils ont à fournir de travail effectif ! Ils multiplient les réunions, lancent des grandes idées, tracent des perspectives – mais vraiment à la louche. Aux non-managers, ou aux managers de bas étage, de prendre le relais… Un jour, en CSE, je demande à Bill quelle est sa stratégie de développement des magazines, pour l'année à venir. Il réfléchit longuement et me répond : on va continuer comme l'année dernière. Ça fait frémir, comme dirait Bashung (dans « Gaby, oh Gaby »).

Attention, soyons justes ! On est toujours le manager de quelqu'un. Mon métier, dans un des magazines de Prisma Media, consiste à commander des articles aux pigistes et, éventuellement, à les réécrire. Je présume que ces derniers me prennent parfois pour un parasite et ils n'ont pas tout à fait tort, car ce sont eux qui fournissent l'effort initial, décisif. Cependant, je me targue d'améliorer réellement leur production et de suer sang et eau pour ce faire. Et c'est le cas de la majorité des sous-managers, à mon niveau, mais aussi de nombreux managers et même de quelques top managers. Il y a des travailleurs partout !

Cependant, j'estime qu'ils dévoient la fonction, car les *vrais managers*, ai-je lentement compris, sont surtout là pour contrôler, voire sanctionner, le travail des autres. En cela, ce sont bel et bien des aristocrates. Lorsque j'étais au magazine *Géo Histoire*, j'apportais chaque début de mois à ma rédactrice en chef – la supérieure de Sophie M. – un sommaire complet du numéro à venir. Dans le profond silence de son vaste bureau – quand nous nous entassions dans ceux du voisinage –, elle le regardait d'un air pénétré, puis me disait, très sérieusement : « Il est important de choisir des photos spectaculaires. » Ou encore : « Les articles ne sont pas toujours assez vivants ! » Je hochais la tête avec déférence devant cette contribution décisive, et retournais élaborer le magazine. Ça, c'est ce que j'appelle une *vraie manageuse* !

Une autre manière d'être de nos dirigeants m'évoque la noblesse – mais celle des premiers chevaliers du Moyen Âge, les rustres qui se mouchaient dans la nappe. C'est leur côté, disons, mal dégrossi. Un jour, un rédacteur en chef, jugeant la couverture avant qu'elle parte à l'imprimerie et remarquant dans un coin un sujet sur Kerouac, l'auteur culte de la Beat Generation, me demande : « C'est un auteur breton ? » Une autre fois, une manageuse de haut vol se met en colère, devant ses adjoints, et s'exclame : « Faisez attention ! Faisez vraimen-z-attention ! » On n'est pas loin des mots d'enfant, des perles de cancre, sauf que chez nous ce sont les cancres qui peuvent parfois donner la leçon.

Nous n'avons pas renoncé à remettre ces hobereaux à leur place, à leur rappeler que nous vivons, en principe, dans un pays qui a aboli les privilèges, mais c'est un combat sans cesse recommencé et toujours perdu d'avance. Lors du CSE de ce mois d'octobre 2021, me drapant dans ma dignité de secrétaire, je lis une lettre, au nom des élus de l'Intersyndicale, pour dénoncer les conditions dans lesquelles le pot d'adieu de Bill a eu lieu. Oscar L., l'assistant de Nathalie qui dirige les débats en son absence – elle ne vient qu'à une séance sur deux, car nos récriminations pourraient vite la fatiguer –, semble dans ses petits souliers. Bill a donné sa modeste sauterie dans un lieu clos, ce qui est en principe interdit par les directives sanitaires liées à la Covid. Les réunions ne peuvent être organisées qu'en extérieur, devant la cafétéria, par exemple, ou encore sur les terrasses – et doivent être annulées ou reportées en cas de météo contraire. « C'est la règle pour l'ensemble des salariés, du plus puissant au plus humble, rappelé-je, lyrique. Le soleil brille pour tout le monde, la pluie tombe sur tous. » Oscar baisse la tête, laisse passer l'orage – c'est le cas de le dire –, mais il ne peut s'empêcher enfin de maugréer, sincèrement choqué par mon manque de discernement : « Enfin, Bill était notre président-directeur général, tout de même… »

Non, je le sais bien, en réalité, le soleil ne brille pas pour tous… Un jour, Stéphanie N., la représentante du personnel qui me précédait au poste de secrétaire du CE (devenu CSE), se voit apostropher, en séance, par Paul T., le directeur financier de Prisma Media. C'est l'un des plus brillants, efficaces et travailleurs top managers que nous ayons eu à pratiquer – presque une anomalie, un oxymore en somme ! Cependant, il lance à Stéphanie, notre secrétaire :

– Combien gagnez-vous par an ?

Stéphanie est – hormis ses responsabilités syndicales – journaliste à *Télé Loisirs* depuis dix ans. Or, bien qu'occupant un poste basique, elle n'est pas si mal payée. C'est en tout cas ce que veut souligner Paul T.

– 35 000 euros, répond-elle.

Le directeur financier fait la grimace et, d'un geste agacé, précise :

– Par an, je vous ai demandé par an.

Stéphanie se tait, lui adresse son plus charmant sourire, bat des paupières et répond :

– 35 000 euros !

Deux blocs de silence se font alors face. D'un côté de la table, nous dupliquons, Max, les autres élus et moi, le sourire malicieux de Stef et devant nous Paul T. se tait, gêné. Il tente de poursuivre son raisonnement, mais ses idées s'embrouillent : 35 000 euros par an, il ne s'attendait pas à ça, sans doute ne voit-il même pas comment on peut vivre avec une telle somme. Nathalie, à ses côtés, regarde ailleurs. Soudain, avec candeur, il interrompt net sa démonstration et, se tournant vers la directrice, lâche :

– C'est vrai que ça ne fait pas beaucoup, quand même…

Automne 2021

VIII
L'aigle et les vautours

Notre boîte se vide par le sommet mais aussi, peu à peu, par la base. Comme Bill, dans les différentes rédactions, des journalistes organisent leurs pots d'adieu, autour de quelques rondelles de saucisson et de tartes maison. Ils n'ont pas de bonus miracle mais bénéficient quand même de conditions assez avantageuses, grâce à une disposition légale appelée la « clause de cession ». Selon ses termes, quand un organe de presse change d'actionnaire principal, ses journalistes peuvent refuser d'y poursuivre leur collaboration. L'employeur est alors tenu de leur verser des indemnités de départ, calculées selon leurs années d'ancienneté. Par ailleurs, ils ont aussi droit au chômage.

La clause de cession a commencé à s'appliquer chez Prisma Media dès son rachat effectif, le 1er juin 2021. Et elle restera en vigueur jusqu'en novembre 2022, a décrété la direction. En réalité, rien ne limite, en théorie, son application dans le temps, mais si des salariés décident de partir en décembre 2022 ou en mars 2023, par exemple, Prisma ne leur versera pas un sou, arguant de ce qu'ils ont pris trop de temps pour se décider. Il leur faudra poursuivre l'entreprise devant les tribunaux pour obtenir leurs indemnités – ou pas.

Dans l'esprit de tous, donc, la porte du pénitencier Prisma Media est ouverte jusqu'en novembre 2022 – après, il sera trop tard pour fuir. Ajoutons un point clé : la loi réserve la clause de cession aux journalistes. Les employés des services généraux, les cadres de la finance ou de la publicité, les techniciens chargés de la fabrication des journaux, tous ces salariés et salariées-là n'ont pas le droit de partir si travailler pour le Boa ne leur plaît pas – ou alors sans la moindre contrepartie. Or ils constituent la majorité du groupe, un peu plus de cinq cents personnes, contre quatre cents journalistes et quelques… Pour certains d'entre eux, le *distinguo* est particulièrement cruel. Un jour, je demande à une excellente camarade, Clara P., si elle va prendre sa clause et elle me répond, surprise :

– Enfin, Jean-Marie…

Je rougis, honteux de mon indélicatesse : j'avais oublié que Clara est employée, bien qu'écrivant des articles pour un site Internet du groupe. Son manager a refusé de la faire bénéficier du statut de journaliste. J'ai donc des papiers me permettant de quitter avantageusement la boîte – autrement dit ma carte de presse – mais pas elle. Elle secoue la tête en me regardant – j'ai vraiment une gueule de nanti.

Nous sommes en automne 2021 et peu de journalistes ont déjà fait valoir leur droit au départ – mais tous ou presque ne pensent qu'à ça. Doivent-ils saisir cette occasion ou conserver leur emploi ? La question s'invite peu à peu dans leurs conversations, à la cafétéria, au long des couloirs… Quand l'un raconte à un autre qu'il est chez Prisma depuis une vingtaine d'années, le second lâche « Félicitations ! » et tous deux rient de bon cœur. Pas besoin de sous-titres : ils songent au petit pactole que le premier recevra en posant sa clause – *grosso modo* vingt mois de salaire, un par année de présence. Un jour, à la porte de l'ascenseur, un tout jeune reporter taquine un de ses aînés. « Quand je pense que tu es arrivé à la création du journal, quelle chance ! – On échange ? » réplique l'autre, en comparant dans le miroir son visage ridé à celui, frais et lisse, de son interlocuteur.

Ça se discute. Vaut-il mieux, par les temps qui courent – ou qui rampent –, être jeune, bien portant et salarié dans cet étrange navire qu'est Prisma, ou sur le point de s'en échapper, dans un canot de sauvetage nommé « Clause de cession », pour partir végéter à la retraite ? À condition d'éviter avant le couloir des asphyxiés de la Covid, à l'hôpital.

Comme dans celle de mes collègues, des calculs s'insinuent dans ma tête. En m'endormant, je ne compte pas les moutons mais mes années de présence et les indemnités qui en découlent. Ce petit exercice comptable n'est pas gratuit : il me force à me rappeler mon âge. Donnant-donnant. J'ai soixante et un ans. Oups. Longtemps, je me suis cru jeune, même quand je ne l'étais plus… Un soir, ma meilleure amie s'est moquée gentiment de mes cheveux blancs. « Je n'en ai pas », ai-je fanfaronné. Elle a ri. « Tiens donc ! » Promenant son petit miroir de maquillage derrière mon dos, elle m'a alors dévoilé mon crâne. Elles étaient toutes là, les mèches ennemies, et je ne les avais jamais vues. Elles avaient poussé en cachette, en hypocrites !

Quand je suis entré chez Prisma Media, j'avais trente-trois ans… C'est le moment de raconter comment ce groupe est né et comme il a prospéré, beau et vigoureux d'abord – comme moi! Prisma Presse – c'était son nom initial – fut créé en 1978 par un groupe allemand, Gruner + Jahr – filiale du géant des médias Bertelsmann. Gruner, qui possédait outre-Rhin des magazines prospères, comme *Geo* ou *Capital*, décida cette année-là de les éditer en version française. Au départ, il s'agissait seulement de les traduire, avec l'espoir que les bénéfices seraient aussi abondants en francs qu'en marks.

Cependant, le dirigeant chargé par Gruner de l'opération, Axel Ganz, eut rapidement l'intuition que ce ne serait pas aussi simple. Ces journaux ne pouvaient pas marcher à l'identique dans les deux pays, leurs publics étaient trop différents. Il fallait les adapter au goût français, en modifiant entièrement leur contenu, et embaucher pour cela des équipes de journalistes locaux…

C'était une époque, avant la chute du mur de Berlin, où le capitalisme devait encore montrer patte blanche, faire le beau, prétendre apporter le bonheur en plus des bénéfices. Ganz parvint donc à convaincre les actionnaires de Gruner + Jahr de se montrer audacieux, dignes de leur destin de libres entrepreneurs – en un mot, d'investir.

S'installant à Paris, il créa des titres qui n'avaient plus tellement à voir avec leurs grands frères allemands. Les prototypes furent conçus pendant des mois par des armées de salariés locaux. Ils réécrivaient les pages des dizaines de fois, modifiaient les maquettes à l'infini, hésitaient des heures sur le choix des photos, car Ganz avait une idée fixe, une boussole: ses périodiques, tout populaires qu'ils fussent, devaient être réalisés avec un soin extrême. Quand il fut satisfait du résultat, il lança *Géo*, un journal de voyage, *Ça m'intéresse*, un magazine de sciences et de curiosité, et *Femme Actuelle*, un hebdomadaire féminin.

Ce fut un triomphe. Voyant qu'ils en avaient pour leur argent, voire plus, les lecteurs – surtout les plus modestes – affluèrent dans les kiosques, piécettes à la main. Les ventes des premiers titres lancés par le groupe s'envolèrent à des centaines de milliers d'exemplaires, engendrant des recettes qui compensaient largement les investissements engagés. Justice capitaliste était faite ! D'autres magazines suivirent, *Prima*, *Voici*, *Télé Loisirs*, réalisés selon les mêmes principes. Ils rapportèrent chaque année des fortunes de dividendes aux actionnaires de Gruner + Jahr, ainsi qu'aux salariés une prime annuelle non négligeable. Tout le monde y trouvait son compte – avec, par surcroît, la satisfaction du travail bien fait.

En 1993, un ami, employé par le groupe, me proposa d'écrire des articles pour le magazine *Ça m'intéresse*. J'en devins vite un collaborateur régulier – parce que j'y étais bien payé, mais pas seulement. Prisma était alors à son apogée. Même si – hormis *Géo* et *Capital* – ses titres n'avaient pas grâce aux yeux des snobs de la profession, car ils s'adressaient au grand public, j'éprouvai une fierté discrète à y travailler. Dans ces publications, compris-je, on prenait le lecteur au sérieux, on le respectait. Mieux, on l'aimait. Pas le moindre cynisme à son égard, aucune idée de le duper, de le mener en bateau à coups d'informations sensationnelles ou d'adjectifs frelatés. Aucun désir, non plus, de le prendre de haut, de le snober. On était juste, sans en faire des tonnes, à son service. J'appris à vérifier mes informations un nombre incalculable de fois, même sur les sujets les plus anodins, la production annuelle de canne à sucre en Martinique ou la fréquence quotidienne de décollage des avions à l'aéroport de Roissy. Je conçus une hantise des courriers signalant des erreurs dans mes articles – il en survenait parfois. Cependant, dans l'ensemble, les acheteurs nous écrivaient plutôt pour saluer notre travail et nous témoigner leur attachement.

Axel Ganz avait une autre règle d'or. Les journaux de Prisma Presse devaient tirer l'essentiel de leurs revenus des abonnements et des ventes en kiosque. La publicité n'était qu'une cerise sur le gâteau, juteuse mais pas vitale. Les annonceurs étaient les bienvenus, mais ils ne faisaient pas la loi. Selon la légende, quand un fabricant automobile ou industriel du luxe se plaignait auprès de Ganz d'un article défavorable à sa marque, le patron de Prisma répondait d'un air affligé : « Cher ami, je n'y peux rien ! Adressez-vous aux rédacteurs en chef. » L'indépendance de ces derniers était royale. En 1993, pour l'un de mes premiers articles, la rédactrice en chef de *Ça m'intéresse* me demanda d'enquêter sur l'utilité de certains compléments alimentaires. Le service commercial lui fit poliment remarquer que ce secteur nous achetait de nombreuses pages de pub. Elle leur répondit, sur le même ton, qu'elle s'en fichait et me donna carte blanche.

Cet âge d'or dura pendant plus de vingt ans. Mais peu à peu, comme le mur de Berlin était tombé, le capitalisme s'embarrassa moins de principes vertueux.

Notre quête d'excellence fatiguait désormais nos actionnaires. Tous ces emplois coûteux pour chasser trois coquilles, pour vérifier une info, pour chercher un titre plus percutant, quel gâchis ! Ne pouvait-on réduire un peu les frais, maintenant que les Rouges étaient hors d'état de nuire ? Il n'y avait plus besoin de cajoler le lecteur – il achèterait ce qu'on lui donnait, à la fin ! On commença ainsi à affamer la poule aux œufs d'or, pour économiser trois sous de grains. Il y eut moins de journalistes, de secrétaires de rédaction, de maquettistes – il suffisait de ne pas ou de moins remplacer ceux qui partaient à la retraite. Nous étions en 2000. Une page se tournait. L'euro apparaissait, monnaie reine de l'économie – et des économies. Tel un vieil aigle déçu, Axel Ganz prit sa retraite en 2005, au moment même où son empire commençait à se déliter.

D'autres groupes se chargeaient dans le même temps de corrompre le public. Découvrant Internet et les quotidiens gratuits (dont celui de Vincent Bolloré, *Matin plus*, qui naquit en 2007), ce dernier bouda peu à peu les journaux payants. Grâce à leur politique de qualité, certes écornée mais encore vivace, les titres Prisma résistèrent plus longtemps que leurs concurrents à cette désaffection. Puis ils en souffrirent à leur tour. *Ça m'intéresse*, qui à sa belle époque s'écoulait à plus de quatre cent mille exemplaires, dégringola à moins de deux cent mille, puis à cent vingt mille. *Femme Actuelle* avait, aux jours heureux, plus d'un million d'acheteuses fidèles. Un tiers, puis la moitié s'envolèrent. Les autres parutions de Prisma (au nombre d'une quinzaine) connurent la même disgrâce.

Alors, comme dans une course à l'échalote, la politique de réduction des coûts s'accéléra. La qualité des revues en pâtit. Même le papier faisait l'objet d'économies, il était de plus en plus léger et mince, on pouvait voir au travers ! On acheva de faire fuir les lecteurs en augmentant régulièrement le prix des publications – seul moyen trouvé pour garantir aux actionnaires des bénéfices intacts, quoique en trompe-l'œil. On trouva aussi de l'argent ailleurs, mais à quel prix ! La royale indifférence d'Axel Ganz à l'égard des recettes publicitaires fit place, de la part de son successeur, Valentin D., à de discrètes attentions. Désormais, les journalistes devaient ménager davantage les annonceurs. Le mot d'ordre se diffusa tout au long de la hiérarchie des top managers et des managers. Le ver était dans la cerise sur le gâteau… Lorsque quelqu'un proposait, en réunion de rédaction, un sujet corrosif sur les produits de maquillage, par exemple, la voix du rédacteur en chef s'élevait, de plus en plus naturellement, pour soupirer : « Ça va gêner la pub. » À la fin de son exercice, en 2009, Valentin D. se vit reprocher d'avoir bradé la fière déontologie prônée par Axel Ganz. Dans une interview au *Monde*, il répliqua, relax : « La liberté et l'indépendance des journalistes sont supérieures (chez Prisma Presse) à ce qui se passe ailleurs. » Façon, selon moi, d'avouer qu'elles n'avaient plus rien d'absolu…

Puis, Bill parut ! Sous son règne, comme je l'ai dit, Prisma Presse crut s'offrir une nouvelle jeunesse en investissant dans le numérique – d'où son nouveau nom, Prisma Media. L'ère du papier s'achevait, prophétisa notre nouveau pédégé. Les sites Internet allaient remplacer les magazines et générer des profits publicitaires exponentiels, susurra-t-il aux oreilles des actionnaires. Je vous ai déjà raconté ce qu'il en advint : ces recettes, appelées à suppléer les baisses des ventes des magazines, restèrent marginales.

Le lent déclin du groupe s'acheva par l'annonce de sa cession à Vivendi, à l'hiver 2020, qui devint effective en juin 2021. Nous sommes maintenant en novembre, et le Boa règne sur des bureaux vides et des télétravailleurs rongés par le doute. Y a-t-il encore un après, dans la presse Prisma ? Ou faut-il fuir d'ici douze mois, avant la fin de la clause de cession ?

Le calcul des indemnités n'est pas la seule question qui agite nos neurones. Chacun se demande aussi quand la culture Vivendi s'imposera dans nos magazines. Nous en rions entre nous, suggérant, lors de nos réunions de rédaction, de faire une interview de Cyril Hanouna (l'homme prenant les chaussures pour des w-c) ou d'Éric Zemmour (le hérault du néo-pétainisme), en signe d'allégeance. Ces blagues rituelles nous rassurent les uns sur les autres : tant que nous en plaisantons ensemble, c'est que nous ne sommes pas capables d'une telle veulerie ! Cependant, nous sommes déjà en retard d'une réalité…

Max me fait remarquer que *Télé Loisirs*, l'une de nos publications, consacre de plus en plus de couvertures à vanter les programmes de Canal+, C8 ou CNews, les fleurons de Vivendi. Je secoue la tête. Il est parano. « Regarde ! » réplique-t-il, en me montrant deux pages apparemment identiques de notre magazine de télévision – il se les est procurées grâce à un camarade CGT qui y travaille. Toutes deux contiennent un petit texte consacré à Éric Zemmour – le premier est l'original, écrit par le journaliste, le second aurait été corrigé par son supérieur avant publication. Je lis d'abord, sur la feuille de gauche, l'article initial. « Éric Zemmour, ce polémiste qui intervient tous les soirs sur CNews, pourrait choisir d'abandonner l'antenne pour se tourner vers une carrière politique. » Soit. Et l'autre, après correction ? « Ce *brillant* polémiste […] pourrait choisir d'abandonner l'antenne, *malgré le succès indéniable de son émission*, pour se tourner… » Je sursaute : ô, incises opportunes ! Un salarié a glissé un bouquet d'épithètes dans l'article pour flatter Zemmour. Et, à travers lui, Bolloré. Qu'espère-t-il de cette manœuvre ? Une augmentation, un compliment ? Ou simplement le goût sucré de la soumission coulant dans sa gorge, quand il s'endort…

Max laisse tomber les deux feuilles par terre, se prend la tête entre les mains et parcourt le couloir de long en large, en poussant des cris incongrus. « Pfuit ! Bolloré, pfuit ! Pfuit, Vivendi, pfuit, pfuit ! » Tout en prononçant ces onomatopées, il fait bientôt des mouvements circulaires avec le doigt, au-dessus de sa tête. Que signifie ce drôle de mime ? Il me semble que Max imite un évier, par où s'échappent nos convictions, nos dignités. Pfuit, tout va être avalé par le siphon ! Ses yeux sont paniqués, on dirait qu'il cherche, telle Cassandre, à fuir ses propres prédictions.

En l'entendant brailler dans le couloir, Édith sort de son bureau pour nous rejoindre. Comme en pilote automatique, elle remonte le zip de son blouson d'aviateur, après en avoir libéré sa longue chevelure châtain. D'un petit mouvement du menton, avec ses yeux gris fixés sur l'horizon, elle lance un défi aux ennemis lointains qui en approchent. Elle est prête au combat. Parée pour les missions kamikazes, à nos côtés.

En septembre 2021, une nouvelle directrice, Carina J., a remplacé Bill. Quand je découvre sa photo sur le site Internet du groupe, un sourire me vient. Elle me rappelle, curieusement, les demoiselles de bonne famille, élevées dans les écoles huppées du XVIe arrondissement, que je fréquentais dans ma jeunesse. Son visage est menu, son teint pâle. Ses yeux très clairs se plissent sur l'image, comme si le flash l'éblouissait. Sa chevelure rousse accentue la blancheur de ses traits. Elle doit avoir une quarantaine d'années – mais en la regardant longuement, elle me semble, telle une créature surnaturelle, plus jeune ou plus âgée, selon les angles d'où j'examine sa photo…

Quelque temps après son entrée en fonctions, elle accorde une audience aux représentants du personnel, lors d'un CSE exceptionnel. Les mesures de sécurité sanitaires ayant été partiellement levées – car la Covid semble s'offrir un congé, depuis l'été –, nous avons même droit à la rencontrer en chair et en os. Avec Max et les seize autres représentants, nous arrivons cet après-midi-là dans la salle de réunion et, en ouvrant la porte, nous découvrons notre pédégère, déjà installée au bout de la grande table. Derrière elle, un ciel gris d'automne envahit les fenêtres, plongeant sa silhouette dans le contre-jour. Un an a passé depuis l'annonce de notre rachat par Vivendi. Comme nos vies sont devenues incertaines !

– Entrez, nous dit-elle d'une voix étrangement faible.

Elle porte une tenue de bon ton, jupe vert sombre et chemisier brun moiré, noté-je en approchant. Son visage, qui m'apparaît bientôt, à travers l'ombre, est à peine maquillé, son sourire discret. Elle me tend la main. Ses doigts sont glacés.

Lorsque nous sommes tous assis, elle nous invite à exposer notre analyse de la situation. C'est parfait, car il y a urgence. Un des représentants de la CGT lui rappelle qu'avec la clause de cession nos effectifs ont fondu. À *Ça m'intéresse*, trois salariés sont déjà partis, à *Géo*, quatre, à *Gala*…

– Pardonnez-moi, l'interrompt-elle d'une voix manifestement agacée, voulez-vous en venir aux faits ? J'ai assez peu de temps.

Nous nous regardons, décontenancés.

– Les faits, nous y sommes, reprend notre camarade. Pouvons-nous avoir la certitude que les salariés prenant leur clause de cession seront remplacés ? Car sinon, comment continuer à faire les journaux dans des conditions acceptables ?

Elle a un sourire las.

– Je ne crois pas que cela va être… possible, murmure-t-elle.

Elle pose son coude sur la table et son visage au creux de sa main, puis elle poursuit, comme si elle méditait à voix haute :

– Monsieur Bolloré débourse déjà une fortune pour verser leurs indemnités aux journalistes qui s'en vont. Et vous lui demandez de remplacer les partants ? Mais c'est lui infliger une double peine !

La logique de ce discours nous laisse bouche bée, bras ballants. Depuis longtemps déjà, chez Prisma Media et dans le secteur sinistré de la presse, un salaire n'est plus considéré comme un investissement, plutôt comme une charge. Mais jamais les choses n'avaient été dites avec autant de crudité. Après avoir rogné les coûts au maximum, Prisma Media veut maintenant inventer le journalisme sans bras. Et Carina, avec son épuisement mimé, est là pour incarner cette utopie financière. L'aphasie du tiroir-caisse, le capitalisme zéro dépense.

Dépenser ? Pouah ! Surtout pour entretenir des journalistes, cette engeance ! Nous savons dans quelle estime le Boa tient notre profession. Une anecdote raconte l'entrevue, quelques années plus tôt, d'un de ses disciples, pédégé d'un journal gratuit, avec une jeune débutante. Elle sortait alors d'une école de journalisme, elle adorait enquêter, recouper les faits, interviewer des experts. Elle croyait à son métier, à sa mission d'informer, lui dit-elle avec enthousiasme.

– Tout ce que je hais ! ricana-t-il en réponse…

Carina semble au diapason. Si je la comprends bien, un bon journaliste serait un journaliste dehors, car il cesse enfin de coûter de l'argent.

– Aucun poste ne sera… remplacé… automatiquement, reprend-elle. On n'embauchera que quand c'est absolument… vraiment… réellement… indispensable.

La suite est inaudible. Sa tête reste posée contre sa main, ses lèvres frémissent, sans émettre le moindre son. La « pédégère muette », la surnommé-je soudain. Écoutez bien ce que je ne vais pas vous dire. Celle-là, on ne nous l'avait encore jamais faite… Quoiqu'elle n'ait rien ajouté, nous nous levons tous en même temps, car Carina ne bouge plus. Peut-être, à force de rêver, s'est-elle endormie.

– Ça va se passer comme à i-Télé, la menace Max en s'arrêtant brusquement sur le pas de la porte et en se retournant vers elle.

À i-Télé (future CNews), me rappelé-je, en octobre 2016, une grève a éclaté car la rédaction était mécontente de l'arrivée de Jean-Marc Morandini. Cet animateur à la réputation professionnelle peu reluisante, spécialisé dans la propagation de ragots – sous prétexte de les dénoncer –, avait en outre été inculpé, en septembre de la même année, de « corruption de mineurs aggravée ». Il était notamment accusé d'avoir adressé des SMS érotiques à des garçons de quinze ans.

La grève a tenu trente et un jours, une durée historique ! N'empêche : Bolloré a résisté, imposant Morandini à l'antenne. Pas question de reculer[1].

Carina ne semble pas trop connaître, elle non plus, la marche arrière. Une élue lance une dernière question :

– Et la charte de déontologie ? Les négociations vont reprendre ?

– Non, murmure notre pédégère. Je ne crois pas trop à l'utilité de ces grands textes. La meilleure garante de la liberté journalistique, ici, c'est moi.

---

1. Pas même devant la justice. Morandini a été condamné en décembre 2022 à un an de prison avec sursis pour « corruption de mineurs »… et maintenu sur les antennes de CNews – car il a fait appel et reste donc présumé innocent, a précisé opportunément sa direction.

Hiver 2021

IX
Les monstres du petit écran

Une nuit, je me redresse en sursaut dans mon lit. La tête me tourne. Des crampes me mordent les jambes et mon T-shirt est trempé de sueur. Comme tant d'autres, j'ai sans doute attrapé la Covid. Cette maladie, qui depuis deux ans fait trembler la terre entière, connaît en France, cet hiver-là, une forte poussée…

Noël a été étrange. Les pharmacies étaient plus fréquentées que les magasins de jouets et les informations parlaient plus de ce virus que de dindes ou de champagne. Un autre sujet a donné la fièvre aux commentateurs : la candidature d'Éric Zemmour à l'élection présidentielle. Depuis quelques semaines, l'inquiétant trublion au regard velouté bat les tribunes pour promouvoir son nouveau livre, *La France n'a pas dit son dernier mot* (aux éditions Rubempré, qu'il a lui-même créées). Il y affirme que notre pays est envahi par des hordes d'étrangers prenant peu à peu la place des citoyens de souche. Cette mélopée, répétée matin et soir, produit des effets surprenants. On dirait que Zemmour a percé, à l'aide de cet argument massue, une sorte de puits de pétrole électoral, d'où jaillissent toujours plus de voix. Avant même d'être officiellement candidat il a été crédité, au fil des enquêtes, de 10 ou 12 % des voix. Il s'est finalement déclaré le 30 novembre et, depuis, les sondages lui prédisent 14 % des suffrages.

Je me retourne dans mon lit, fiévreux... Derrière ce Savonarole de la foi patriotique se dresse l'ombre de mon propre boss, Vincent Bolloré. Comme je l'ai déjà dit, Zemmour est l'un de ses chevaliers. Il a été embauché sur sa chaîne CNews en octobre 2019 – un mois après avoir été définitivement condamné par les juridictions pour provocation à la haine raciale. Zemmour avait déclaré en septembre 2016, lors de l'émission « C à vous », qu'il fallait que les musulmans choisissent « entre l'Islam et la France ».

Pourquoi Bolloré noue-t-il un pacte avec ce genre d'individu ? Pourquoi lui offre-t-il l'asile médiatique ? Essayons, pour répondre, de lire dans les entrailles du Boa...

Revenons d'abord là où tout a commencé. Bolloré est un enfant de la droite catholique bretonne. Le credo de sa famille est : « À genoux devant Dieu, debout devant les hommes. » Cette devise, à ce que raconte son biographe autorisé, Jean Bothorel[1], les Bolloré se la sont donnée en 1789 – comme par hasard... La légende familiale s'écrit, dès sa première ligne, comme une

1. Dans son livre *Vincent Bolloré, une histoire de famille*, éditions Jean Picollec, 2007.

contre-histoire de France. L'année où d'autres font tomber la Bastille, les Bolloré se jettent au pied de la Croix[1].

Trente ans plus tard ils entrent aussi, par alliance, dans le monde de l'entreprise. En février 1822, un certain Nicolas Le Marié fonde une papeterie au bord de la rivière Odet, près de la ville d'Ergué-Gabéric, Finistère. Une autre lui sera adjointe plus tard sur un site voisin, Cascadec. Nicolas a du caractère : il a été éduqué, précise Jean Bothorel dans sa biographie au style nord-coréen, par « des prêtres assermentés qui avaient vécu les rudes journées de la Terreur ». Guidée par la foi, son entreprise prospère. Las ! En 1861, il fait une mauvaise chute. Il survit mais n'a plus toute sa tête. Son neveu, Jean-René Bolloré, prend alors la direction de l'usine. Ce médecin de formation, globe-trotter dans l'âme, va la développer en trouvant des débouchés internationaux à sa production. C'est une fulgurante envolée. Le papier à cigarettes Bolloré, connu après sous le nom OCB (comme Odet-Cascadec-Bolloré), séduit l'Europe entière et même au-delà ; on le goûte de la cour de Russie à celle de Chine ! En 1930, l'entreprise fabrique 86 millions de cahiers à rouler, de quoi confectionner 50 milliards de clopes. Vingt ans plus tard, les usines bretonnes couvrent un dixième de la consommation mondiale. Et leur papier fin ne sert pas qu'au tabac. Il permet aussi d'imprimer des bibles. Alliance stratégique du péché et de la foi, sans qu'on sache très bien lequel est au service de l'autre.

Cette ambivalence caractérise l'empire Bolloré. D'un côté, un catholicisme strict, qui se perpétue de génération en génération,

1. Sans vouloir mettre en cause l'authenticité de cette devise familiale, je note que Lamartine, en 1848, a prononcé la même phrase : « La plus belle attitude de l'homme, c'est de se tenir debout parmi ses semblables, à genoux devant Dieu. »

de l'autre un certain goût, mon Dieu, pour les douceurs de l'existence…

Pour le premier de l'an, dans les années 1920, tous les ouvriers rendent visite à leur maître, le quatrième des Bolloré, dans son manoir breton, et lui présentent leurs vœux. En échange, les femmes reçoivent un sou, les hommes un verre de rhum. Chaque dimanche, autre cérémonial : les salariés assistent – c'est un ordre – à la messe, dans l'une des chapelles de l'empire familial. À chaque nouvelle usine, car la papeterie s'étend, sa nouvelle église…

Et cependant, les pieux Bolloré ne dédaignent pas le luxe. On peut même dire qu'ils en raffolent, s'en délectent. Rien d'illogique à cela car, comme le dit l'abbé André-Fouet dans un sermon délivré pour le premier centenaire de l'imprimerie, en 1922 : « Dans une industrie, patrons et ouvriers ont des intérêts inséparables, […] le bonheur des uns est lié à la prospérité des autres. » La théorie du ruissellement s'applique aussi bien à l'argent qu'à l'eau bénite. Et les deux coulent à flots. Dans les années 1920-1930, toujours selon Jean Bothorel, trente-huit domestiques ou employés travaillent pour la famille Bolloré, qui possède un manoir sur le site natal près de l'Odet, une maison à Nantes, trois villas dans le Finistère, une dans le Morbihan, un château dans la rade de Brest, quelques territoires de chasse, un quart de l'île d'Houat plus une autre, entière celle-là, sur la Seine, sans oublier une résidence principale avenue Foch (puis avenue Victor-Hugo) et un yacht de trente-deux mètres, le *Dahu II*. Ça, c'est pour la vie courante – mais il faut bien s'en évader un peu, que diable ! Pour les vacances, on attrape donc l'Orient-Express et on file au Caux-Palace, sur le lac Léman, « un des plus beaux hôtels jamais construits » (Jean Bothorel). Enfin, pour la fine bouche, les Bolloré ont leur table réservée, à l'année, chez Lucas Carton.

Voilà la dynastie dont Vincent est le rejeton. Ajoutons, pour compléter le tableau, des rapports parfois compliqués avec la République. Les Bolloré doivent à la Gueuse l'un de leurs rares échecs. À la fin du XIXe siècle, Jean-René, le médecin, non content de ses succès en affaires, se rêve un destin politique. Comme dirait Arletty dans *Les enfants du paradis*, il voudrait que le peuple l'aime pour lui-même – comme s'il était pauvre en somme. Las, il prend une veste aux élections législatives, battu en 1876 et 1877 par les candidats de gauche laïque. Il en conçoit une profonde amertume.

Cent cinquante ans plus tard, par Zemmour interposé, Bolloré repartirait ainsi à la conquête des électeurs. Il dispose d'un empire financier et médiatique pour les séduire… Enfiévré par la Covid, je regarde, au pied de mon lit, le rectangle gris du petit écran télévisé. Toute la puissance de Bolloré se concentre dans cet objet inerte – bien plus efficace que les messes de grand-papa au bord de l'Odet. Que je l'allume et en jailliront, comme d'une boîte de Pandore, les images de Canal+, CNews, C8, CStar – toutes plus incongrues les unes que les autres. À l'été 2021, C8 diffuse ainsi un téléfilm où l'avortement est assimilé au meurtre. Quelques mois plus tard, sur CNews, l'éditorialiste Ivan Rioufol compare l'obligation faite à la population de se vacciner au sort des Juifs dans le ghetto de Varsovie. Dans un tout autre style, sur C8, les assistants de l'amuseur Cyril Hanouna lui proposent à tour de rôle de « le sucer » – façon « humoristique » de lui déclarer leur admiration et leur obéissance absolue. « Bien entendu, glousse l'animateur, aux anges, je vous demande juste de ne pas tous le faire en même temps. » La télé Bolloré a des constantes connues, surreprésentation des idées d'extrême droite, mise en avant de la religion, mais ce qui la caractérise avant tout, c'est son climat de transgression et de brutalité. Et, selon moi, son dédain de la vérité, quand elle est importune.

Voici quelques mois, un comédien m'a raconté une désolante anecdote – dont *Le Canard enchaîné* s'est également fait l'écho. Une petite maison de production s'apprêtait à tourner, pour Canal+, la deuxième saison d'une série, *Paris Police 1905*, se déroulant comme son nom l'indique dans la capitale, au début du XXe siècle. La première avait connu un bon succès d'audience. Les scénaristes, donc, rédigent en toute confiance les épisodes à venir et envoient leur copie, comme de coutume, au diffuseur, avant de lancer le tournage. Simple précaution d'usage. Hélas, en réponse, Canal+ douche leur élan : le grand patron de Vivendi, et donc de leur chaîne, n'apprécierait pas que soit fait mention, dans la série, de la loi de séparation de l'Église et de l'État, actée précisément en 1905. Il n'y a qu'à réécrire l'histoire, et l'Histoire. Circulez, il n'y avait rien à voir cette année-là…

En attendant que ma fièvre tombe, j'allume la télévision et regarde les images aux couleurs pétantes. On dit que la Covid cause une perte du goût : est-ce cela qui me fait supporter les émissions de C8 et CNews ? Suis-je le jouet du virus ou celui des zombies de l'empire Vivendi ? Sur l'écran, Cyril Hanouna me sourit, hilare, comme tous les autres chevaliers à la triste figure des chaînes Canal, Pascal Praud, Élisabeth Lévy, Ivan Rioufol. D'autres visages me passent en tête et flottent bientôt autour du petit écran blafard. Je revois Étienne, le Mérou, Carina, la pédégère muette, Yannick, l'héritier sympa. Tous m'entourent, dans la pénombre, et tendent les bras vers moi, tandis qu'au centre de la télé Zemmour m'ensorcelle d'un sourire, avec ses beaux yeux bleus cernés de khôl, comme un prince oriental. Voilà, la famille Vivendi m'accueille. Ne suis-je pas l'un de ses membres ? Ne suis-je pas, quoi que j'en dise, un salarié soumis de Bolloré ?

Chez Vivendi, ai-je appris dans une biographie du Boa[1], on ne parle pas, comme chez Prisma, de « top managers ». Les assistants les plus proches de Vincent Bolloré porteraient un autre titre, on les appellerait ses « Yes Men », car ils ne feraient qu'acquiescer à ses ordres et les exécuter. Je crois voir, sur l'écran, l'animateur Pascal Praud et ses invités hocher mécaniquement la tête, et je pense aux petits chiens articulés sur la banquette arrière des voitures. Puis, dans mes pensées fiévreuses, ce sont Carina, le Mérou, bientôt Édith ou Max lui-même qui opinent du chef, les yeux vides. Et je sens ma propre tête osciller d'arrière en avant. Je suis devenu un « Yes Man » !

Une sonnerie interrompt ce cauchemar. Je me lève d'un bond.

– Allô ?

Gentiment, François V. appelle pour prendre de mes nouvelles. « Gennevilliers attend ton retour ! plaisante-t-il. Il y a de l'animation, là-bas. Si tu savais… » Sa voix grésille dans l'appareil, comme s'il me parlait depuis un pays lointain. Un pays en plein tumulte. À *Géo*, me raconte-t-il, la rédaction se vide. Plusieurs collaborateurs de ce magazine prestigieux, l'un des plus anciens de Prisma Media, sont partis en faisant jouer leur clause de cession. Conformément aux directives de la pédégère muette, qui

1. Jean-Pierre Canet et Nicolas Vescovacci, *Vincent tout-puissant*, éditions JC Lattès, 2018.

prend ses ordres chez Vivendi (on dit qu'elle déjeunerait tous les mercredis avec le Boa), leur remplacement reste en suspens.

Le phénomène touche toutes les rédactions de Prisma, où les journalistes sont de plus en plus nombreux à prendre la porte. La direction regarde toujours si elle ne pourrait pas faire sans eux – c'est ce qu'elle appelle « challenger » les postes, les remettre en question. Les salariés restants récupèrent donc, au moins pour un temps, le travail des partants. Ils ont en charge deux ou trois fois plus de pages du magazine. Pressés par le temps, ils se débrouillent à coups d'expédients. Ils bâclent leurs sujets, sans pouvoir vérifier aussi bien qu'avant leurs informations. Il faut travailler vite, vite et mal. Ainsi, s'éloignent-ils, jour après jour, de leur métier et ne retrouvent plus, le matin dans la glace, l'image qu'ils se faisaient d'eux-mêmes. Rides et dégoût. Leur dignité s'estompe, s'efface. La veille encore, ils étaient fiers de leur savoir-faire, de leur talent. Désormais, ils se satisfont de phrases approximatives, qui leur abîment le cerveau.

Je me rappelle que nous avons eu à ce propos une bataille de mots en CSE, avec Nathalie. L'un des représentants du personnel l'accusait de pousser les journalistes, à force de réduction d'effectifs, à travailler au rabais, « en qualité dégradée ». Nathalie a sursauté, elle a pris son stylo et a noté soigneusement l'expression sur son cahier. S'il lui arrive de dormir, de rêvasser, j'imagine, à ses futures vacances (Ibiza ? Belle-Ile-en-Mer ?) ou à son cocktail du soir (mojito ? spritz ?) pendant le CSE, ou même de pianoter, fort impoliment, sur son téléphone pendant que nous lui parlons, indifférente à notre flot de récriminations et de reproches, Nathalie sait cependant qu'il en est certains qu'elle ne doit pas laisser passer. Singulièrement ceux qui pourraient nous conduire à alerter la médecine du travail. Qui dit « qualité dégradée » dit mal-être, qui dit mal-être dit toubib, qui dit toubib dit enquête casse-pieds. Lors de notre réunion suivante, elle sort donc de ses notes une réplique préparée par un de ses adjoints ou je ne sais quel conseiller en communication : « Les équipes, dit-elle d'une voix maternelle, ne sont pas contraintes à la *qualité dégradée*, je conteste formellement cette expression. En revanche, il est vrai qu'elles ne doivent plus chercher, à tout prix, la *surqualité*. » Blaise Pascal aurait adoré : voilà un *distinguo* digne des jésuites, ses meilleurs ennemis des *Provinciales*. On ne nous demande pas de travailler mal, comme des cochons. Le problème est qu'avant nous travaillions trop bien, comme des maniaques !

Pourtant, quoi qu'elle en dise, à ce que me raconte François, les journalistes de *Géo* sont bel et bien à bout. Ils ont honte de ce qu'ils font, ils se cachent le visage dans les mains en marchant dans les couloirs…

Ce n'est pas vrai, me dis-je en écoutant mon camarade, ce n'est pas réel. J'ai envie de me pincer. Je me rappelle avoir éprouvé la même incrédulité, quelques heures plus tôt, devant ma télé, face aux talk-shows absurdes de CNews et C8. Partout où il s'installe, Vivendi impose une réalité invraisemblable, désaxée…

– Tu es sûr, François ? demandé-je doucement. Tu n'exagères pas un peu ?

– Mais non, s'agace-t-il… Écoute-moi bien, si ça continue, un drame va se produire.

Et il raccroche net, comme pour me faire sursauter. Je l'imagine assis sur un coin de banquette, au fond du café de Gennevilliers. Il pose des piécettes sur la table et repart, incognito, faire sa journée de travail chez Prisma. Et guetter les avancées du mal, dans les couloirs, dans les têtes…

Je regarde par la fenêtre, les lumières des immeubles de Saint-Ouen qui scintillent dans le matin d'hiver. Je songe à François et aux autres veilleurs de l'empire Vivendi. Édith, par exemple, la fille aux photocopies. Je vois souvent ses yeux gris briller dans l'ombre, à côté de la machine qui lance ses éclairs. Elle attrape les feuilles qui tombent dans le bac et hop, elle les glisse sous son blouson de skaï, dont elle tire vite la fermeture Éclair jusqu'à son menton. Puis elle regagne son bureau en douce. Qui sait, peut-être, comme moi, prépare-t-elle un livre sur le rachat de Prisma Media par Vivendi et accumule-t-elle de la documentation clandestine ? Ou cherche-t-elle seulement à savoir pour qui elle bosse, exactement ?

À l'inverse, il y a ceux qui ne veulent rien savoir et préfèrent profiter des avantages, petits et grands, octroyés par le Boa. C'est tellement tentant… Ils se donnent le mot. Déclaration d'amour du journaliste Pascal Praud, de CNews, en 2017 – un an après la grève qui a ravagé sa chaîne : « Je suis cent pour cent Bolloré. » En 2016, Cyril Hanouna, lui, a cette confidence touchante : « Je suis resté [*NDA* : sur D8, future C8, chaîne Vivendi] par fidélité envers Vincent Bolloré. » Par fidélité, et sur la base d'un contrat de 250 millions d'euros pour cinq ans.

Défendre le Boa, c'est un métier… Un jour Max croise la pédégère, Carina, marchant dans le hall, toute songeuse. Comme si elle sortait d'une longue réflexion, elle lui lance : « Il y en a assez d'entendre dire que M. Bolloré est d'extrême droite, vous ne trouvez pas ? Dans le fond, c'est injuste ! » Bah… Max se frotte le crâne et lui rappelle tout de même les opinions défendues sur ses antennes. Il lui fait part d'une toute récente enquête menée par une chercheuse du CNRS, Claire Sécail. Celle-ci montre que Cyril Hanouna, dans son émission quotidienne, sur C8, a passé plus de temps à parler d'Éric Zemmour, entre septembre et décembre 2021, que de tous les autres candidats à l'élection présidentielle réunis, déclarés ou pas. Zemmour a été évoqué 44 % des fois, Emmanuel Macron seulement 22,5 %, Marine Le Pen 7,1 % et Jean-Luc Mélenchon… 1,2 %. C'est pas un peu du favoritisme, ça ? Or Zemmour est bien d'extrême droite, non ? Et C8, c'est bien Bolloré ? Carina fait la moue, son front se chiffonne, elle est ébranlée ; mais d'un coup son visage s'illumine. Un argument choc vient de lui pousser sous le crâne ! « C'est tellement subjectif, tout ça, Max, chantonne-t-elle. Regardez, France Inter, je l'écoute chaque matin et je trouve que c'est vraiment devenu une radio d'extrême gauche ! » Elle lui lance un clin d'œil victorieux, allez, sans rancune ! Et elle s'éclipse. Max reste bouche bée… C'est la même technique que sur les chaînes de Bolloré : les chroniqueurs y avancent les arguments les plus inattendus, sortis de nulle part. Comment répondre à un type qui compare le sort des non-vaccinés de la Covid à celui des Juifs du ghetto de Varsovie ? Et à une pédégère qui assure que France Inter est trotskyste-léniniste ? Tout et n'importe quoi, c'est simple comme bonjour…

À l'inverse, pour défendre la vérité il faut de la patience, de la ténacité, amasser de la doc comme Édith, comparer sans fin des données, comme Claire Sécail. Ou savoir prendre des coups, comme Jean-Baptiste Rivoire. Ce documentariste de Canal+ a été l'un des pionniers de la résistance au Boa. Rédacteur en chef adjoint de l'émission « Spécial Investigation » quand Bolloré arrive à la tête de la chaîne, au début 2015, Rivoire se plaint bientôt de la censure d'un documentaire sur le Crédit Mutuel, inscrit à son programme au printemps. S'engage alors une guérilla entre la direction de Canal et le journaliste récalcitrant.

En octobre, elle lui envoie une lettre d'entretien préalable à un éventuel licenciement, puis fait marche arrière… Rivoire s'est fait nommer entre-temps représentant du personnel de la chaîne par la CGT. Sage précaution : les élus sont protégés, au sein de toute entreprise, par le code du travail. Après des années consacrées à son mandat, et à interpeller sans relâche ses supérieurs, Rivoire quitte finalement Canal en 2021 pour fonder un site d'information indépendant, Off Investigation. Mais il n'est pas quitte : il témoigne en octobre 2021 dans un documentaire de l'organisation Reporters sans frontières, « Le système B » (comme Bolloré), dénonçant le contrôle de l'information dans les médias Vivendi et la propension du groupe à multiplier les actions en justice pour empêcher toute critique. Rivoire reçoit en réponse… une assignation aux prud'hommes, diligentée par une filiale de Canal+.

Voilà comment on s'oppose au Boa… Et moi, quelles sont mes armes ? Le jet de téléphone portable ? Le pistolet à métaphores ?

Printemps 2022

X
La violence, à pas de loup…

Le 5 octobre 2015, le directeur des ressources humaines d'Air France est bousculé par des manifestants en colère, qui lui arrachent sa chemise. L'image fait le tour des journaux télévisés. Cette violence-là, répètent les commentateurs, la mine grave, est inacceptable. L'opinion publique est invitée à s'indigner. Pourquoi pas… mais quelques mois plus tôt, dans le décor feutré de l'abbaye de Royaumont, le pédégé d'Air France, Alexandre de Juniac, disserte d'une voix suave, lui, sur la relativité des acquis sociaux. Faut-il faire travailler les enfants de plus de seize ans ? se demande-t-il benoîtement. Ça se discute, après tout, puisqu'on envisage bien de leur donner le droit de vote. Et celui de faire grève, si on en parlait ? Tous les pays ne l'appliquent pas de la même manière, rappelle-t-il. Tenez, son collègue de Qatar Airways lui a confié son étonnement devant les arrêts de travail dans notre pays : lui n'a pas de tels soucis avec son personnel !

Le public, composé de cadres du Medef, rit de bon cœur, puis applaudit à tout rompre. Vous avez dit violence ?

À l'instar de M. de Juniac, ça fait bien longtemps que nos managers ont appris à manier celle-ci sans élever le ton. Ils ne déchirent pas des chemises, oh non, ces magiciens vaudous plongent directement la main à travers, pour viser les cœurs, sans qu'une goutte de sang soit versée… Un jour, un rédacteur en chef d'un de nos titres entre dans le bureau de ses deux assistantes. Elles travaillent pour lui depuis des années. Il est ennuyé, leur explique-t-il d'un ton égal. Il doit supprimer l'un de leurs deux postes, on lui impose de faire des économies. Ça ne lui plaît pas, ça non, mais le moyen d'y échapper ? Alors, il a eu une idée. Son visage s'éclaire : un manager n'est-il pas là pour régler les problèmes ? Le mieux, explique-t-il, ayant sans doute mal compris ce bon vieux Salomon, serait qu'elles se mettent d'accord entre elles, pour savoir qui reste et qui s'en va, qui garde un emploi et qui est à la rue. Une bombe de silence explose. Il la laisse tout dévaster, puis reprend : voilà, voilà, ce n'est pas pressé, elles ont un mois pour lui remettre leur décision – et il referme la porte sur leurs deux vies ébranlées. L'épilogue optimiste – mais rarissime – de cette histoire est que les deux assistantes ont fait front commun pour refuser de choisir. La direction a alors reculé et reclassé l'une d'entre elles dans un autre service.

Pousser les salariés indésirables à la démission ou, au pire, à quitter l'entreprise en échange d'un dédommagement constitue une stratégie managériale inavouée mais ordinaire. Un de mes amis, rédacteur en chef, me confiait que son supérieur était venu, pendant des semaines, commenter la qualité de son journal. Il s'installait devant lui, feuilletait les pages du dernier numéro et gloussait : « C'est vraiment mauvais ! Je sens que tu vas encore me faire bâiller… » Il l'a soumis à ce régime pendant un bon mois puis, devant la résistance de mon camarade, a battu en retraite, mais avec un sourire en coin, genre : tu ne perds rien pour attendre.

Forcément, parfois tout cela craque, comme une chemise trop serrée. Comme un crâne pris dans un étau. L'infirmière de Prisma, une femme placide aux cheveux gris coupés au carré, compte les coups. Elle accueille les salariés en larmes, dans son petit bureau à la porte vitrée. Elle commence par prendre leur tension. Ça frise souvent les 18. Allongez-vous, respirez bien. Elle tire les rideaux pour créer un fragile havre de paix… Que s'est-il passé ? interroge-t-elle ensuite. Une assistante de direction pleurniche : mon manager se plaint de mon attitude. Il me juge « guindée », il trouve que je ne ris pas assez à ses blagues (*sic*). Allongée sur le lit de l'infirmerie, l'employée ouvre de grands yeux effarés : le moyen, même avec bonne volonté, de corriger cela ? Suivre une formation ès rigolades et cotillons ?

Un jour, l'infirmière reçoit un journaliste, Bruno R., au poing étrangement bleui et gonflé. Elle ausculte sa main, fait bouger ses doigts. Il grimace, mais ce n'est rien, ce n'est pas ça qui lui fait mal. Il lui raconte qu'il est sur la touche depuis plusieurs semaines. En réunion de rédaction, le matin même, chacun a exposé les sujets qu'il souhaitait écrire pour le numéro suivant. Le rédacteur en chef a donné la parole à tous… sauf à lui. À la fin de la séance, un collègue a lancé : « Et Bruno ? » Le rédacteur en chef lui a répondu : « On n'a plus le temps. » Le journaliste disgracié s'est précipité dans l'ascenseur pour courir à l'infirmerie, mais sur le chemin, il a croisé une armoire et pan ! il a flanqué son poing dedans. Sa porte de métal s'est gondolée sous le choc, mais c'était elle ou la gueule de son rédac chef. On en revient, en somme, à la chemise arrachée.

Quand les salariés, surmontant la peur de représailles, nous dévoilent les méfaits d'un manager, nous le convoquons en CSE – où il reçoit parfois des soutiens inattendus. Un jour, nous interrogeons le chef d'un département de la publicité qui fait régner la terreur parmi ses cadres. Pourquoi tant d'arrêts de travail parmi ses subordonnés ? l'interrogeons-nous. Il réplique, l'air chafouin : « J'ai une déclaration à faire. » Puis il tire une feuille de sa poche et lit : « Ma convocation en CSE est une tache sur mon honneur ! Je me sens diffamé et harcelé par les représentants du personnel. » Il nous regarde par en dessous, pour voir si sa manœuvre – renverser l'accusation – nous ébranle. Manque pas de toupet, le petit tyranneau… Taquin, un des nôtres lui demande : « Nous ne mettons pas en doute votre souffrance, mais… le médecin du travail vous a-t-il arrêté ? » Oh que non, réplique notre Stakhanov libéral, en serrant la feuille entre ses doigts, car lui – comprenez, contrairement à ses feignasses d'adjoints –, il fait des efforts, il prend sur lui ! Nous ricanons, je l'avoue, quand soudain une voix vengeresse s'élève : « Cet interrogatoire est inacceptable, s'enflamme un élu CFDT. Ce sont des méthodes dignes de Pol Pot, des tribunaux staliniens ! » Ses camarades de syndicat, se réveillant nerveusement sous l'effet de ces stimuli pavloviens (« inacceptable ! », « stalinien ! »), acquiescent : ouais !… quelle honte !… en roulant des yeux de bovins affolés.

Au printemps 2022, les nouvelles des autres médias acquis ou convoités par Bolloré sont déprimantes. Europe 1, *Le JDD* et *Paris Match* sont en cours de digestion par Vivendi – via une OPA sur l'ensemble du groupe Lagardère. Et leurs troupes goûtent déjà la potion amère de la censure. Selon un article du média d'information en ligne Les Jours paru le 23 février 2022, le site europe1.fr se prépare ce mois-là à relayer une brève sur l'arrivée de Jérôme Béglé à la tête du *JDD*. Elle révèle l'émoi qui règne dans la rédaction du quotidien dominical. Il faut dire que Béglé est chroniqueur régulier sur la chaîne CNews, peu réputée pour sa neutralité politique. Cependant, au dernier moment, cet entrefilet disparaît du site d'Europe 1. La future radio de Bolloré n'a pas vocation à critiquer le futur journal de Bolloré, ni le choix de son patron…

La perspective d'un tel journalisme, au pas cadencé, incite les salariés de Prisma à s'évader, comme l'ont fait, avant eux, ceux de Canal+, CNews, Europe 1, quand le Boa y a pointé son nez…

Ça tombe bien : un journaliste en moins, c'est un salaire économisé. À chaque départ, la fameuse question se pose : faut-il embaucher un remplaçant ? Ce sont les financiers de Vivendi, auxquels remontent toutes les demandes de postes de la petite filiale malingre, Prisma Media, qui donnent la réponse. Et avec de tels hommes, il ne sert à rien d'arguer que la charge de travail est insupportable pour les journalistes restants, ou que les magazines pâtiraient d'être réalisés en sous-effectifs. Ces arguments, dégoulinants d'humanisme, les indiffèrent. Une nouvelle embauche sera-t-elle génératrice de bénéfices ? *That is the question. The only one.* La seule valeur qui leur importe, c'est celle de l'argent.

Quand il a débarqué à Canal+, en 2015, Vincent Bolloré a rencontré les salariés de la chaîne télévisée. Il s'est présenté, face à eux, accompagné de sa garde rapprochée. Les hommes et les femmes de la chaîne cryptée l'attendaient avec décontraction, ils se targuaient d'un certain savoir-faire. Canal avait inventé, depuis sa création, « Les Guignols », « Le Grand Journal », les magazines d'investigation – et mieux encore une façon neuve d'habiter le petit écran, faite de désinvolture, d'humour, de second degré, le fameux esprit Canal+ ! Bolloré les a toisés, debout, face à face, et, entonnant une diatribe, il a moqué leur « arrogance », leur prétention. Puis il les a rabaissés à l'aune du seul critère valable, selon lui : l'argent, les bénéfices. « Nous, leur a-t-il enfin lancé, nous ne sommes pas des prix Nobel, mais nous savons faire du business[1] ! »

Vincent Bolloré a appris à compter depuis son plus jeune âge, rappelle avec attendrissement son biographe officiel, Jean Bothorel[2]. Un jour, selon une anecdote familiale, alors qu'il n'a encore que cinq ou six ans, ses parents le conduisent au manège. Entre deux tours sur les petits chevaux, l'enfant tire un carnet de sa poche et, avec son crayon, additionne patiemment des nombres sur la page. Son petit front juvénile est tout ridé par l'effort, la concentration. Mais que fait-il ? se demandent papa et maman Bolloré. Pourquoi ne profite-t-il pas de ce moment de jeu ? En fait, comprennent-ils bientôt, il est en train de calculer, sur son calepin, les bénéfices qu'engrange le propriétaire du manège. Il multiplie le nombre d'entrées par le prix de la place, puis par la fréquence des tours. Et il sourit, émerveillé : c'est que ça fait un petit pactole !...

Avant même l'âge de raison, Vincent exécute ainsi son premier bilan comptable. Tout comme il existe une enfance de l'art, il existe une enfance de l'argent. Chez Bolloré, la finance est une vocation, une vision du monde...

1. L'épisode est raconté par Isabelle Roberts et Raphaël Garrigos dans *L'Empire : comment Bolloré a mangé Canal+*, Seuil/Les Jours, 2016.
2. *Vincent Bolloré, une histoire de famille*, *op. cit.*

Ses collaborateurs la partagent et la propagent. Dans l'immeuble de Prisma Media, à chaque étage, une télévision géante, près de la machine à café, relaie des spots d'information sur les activités du groupe. Les employés peuvent ainsi déguster la bonne parole de la direction en même temps qu'un petit expresso. Ni l'une ni l'autre ne sont bien fameux… Ce jour-là, un cadre de chez Vivendi fait la promotion de la future Coupe du monde de rugby, qui se déroulera en 2023 et dont son groupe est partenaire. En complet-cravate, il tient un ballon ovale entre les mains et lance avec un large sourire : « Dans le sport comme dans les affaires, ce qui compte, c'est le résultat final ! » Tout est dit.

Évidemment, les actionnaires de Bertelsmann n'étaient pas des cigales, eux aussi savaient lire la sacro-sainte ligne du bas dans les bilans. Et nous avons multiplié, sous leur houlette, les plans d'économie. Prisma Media, par exemple, a résilié ses abonnements à des compagnies traditionnelles de communication, jugés trop onéreuses. On nous a donc repris nos combinés, et on les a remplacés par un service de téléphone sur ordinateur. Pour répondre à un coup de fil, il faut se dépêcher de cliquer sur l'icône, perdue dans un coin de l'écran. Pour peu que la main tremble, on rate l'appel – mais les financiers hochent la tête, satisfaits. Dans le même temps, sur les écrans rutilants près de l'ascenseur, Prisma Media se vante, à coups de grands placards multicolores, de « rendre la vie plus belle ».

Comme me l'a raconté François, chez *Géo* quatre journalistes se sont fait la malle en profitant de la clause de cession, deux iconographes et deux secrétaires de rédaction. Les financiers rendent alors leur verdict : deux embauches, pas une de plus – 50 % d'économie et estimez-vous heureux. La rédactrice en chef du titre, Sylvie C., adore innover. C'est une manageuse à la hussarde. Cette directive la pousse donc à une décision surprenante : elle recrutera deux nouveaux iconographes – car les belles photos sont la marque de fabrique de son titre… et se passera de secrétaires de rédaction. Disruption garantie !

Le secrétaire de rédaction, dans un journal, est chargé de relire les pages juste avant qu'elles partent à l'imprimerie. Il contrôle l'orthographe, la grammaire, corrige les répétitions et les lourdeurs, mais traque aussi toutes les informations erronées qui auraient pu échapper aux vérifications intermédiaires. Parfois l'erreur crève les yeux. Quand j'étais tout jeune stagiaire dans un quotidien, le titre d'un article sur la danse avait subi ainsi une malencontreuse coquille. Au lieu du « Petipa de Noureev[1] », on pouvait lire sur le journal : « Le Pépita de Noureev ». Je suppose que le ou la secrétaire de rédaction était malade, ou en vacances. Voilà en tout cas le genre de gag qui peut se produire quand il, ou elle, fait défaut. En fait, son poste rappelle très précisément celui de gardien de but, au football. C'est le dernier à pouvoir empêcher le « Pépita » de jaillir dans la lucarne – autrement dit sur la page. Pourtant la rédactrice en chef, Sylvie C., décide de s'en passer…

Les chefs de service de *Géo*, ceux qui veillaient jusqu'alors à la conception et à la réalisation des sujets, avec sous leur houlette les reporters et les photographes, se voient donc confier, en plus, la relecture finale. Ils ont désormais deux boulots, devant passer sans cesse d'une vue d'ensemble, la cohérence de l'article, son sens général, à une vision microscopique, l'accord des temps, le c cédille avant le a mais pas le i, la date précise de l'attaque du Capitole par les troupes de Donald Trump. Et il n'y a plus

1. Jeu de mots savant, mêlant les noms de deux danseurs célèbres : Marius Petipa et Rudolf Noureev.

personne derrière eux. Plus de gardien de but. Ils relisent leurs pages la peur au ventre.

Précisons tout de suite que d'autres groupes de presse travaillent déjà sans secrétaire de rédaction et d'ailleurs sans iconographe non plus. Les chefs de service font tout : écriture, correction, recherche photo. Erreurs et flou garantis. En revanche, chez Prisma Media, dans ce groupe où la qualité est l'ancestrale marque de fabrique, il s'agit d'une expérimentation inédite. Les financiers de Vivendi s'y intéressent rapidement, se penchant sur les chefs de service de *Géo* comme sur des petites souris de laboratoire. Regarde, ils sont marrants à s'agiter comme ça, à courir dans tous les sens pour travailler plus vite ! C'est diablement excitant : dame, si ce journal parvient à se passer de secrétaire de rédaction, le modèle pourrait être dupliqué dans les autres titres du groupe.

Sylvie C. doit goûter son petit effet. Elle a un sourire en coin derrière son ordinateur. Comme les Yes Men de Bolloré, elle méprise ces « petits génies » de la presse qui se moquent des bénéfices. Elle doit être fière de défricher de nouvelles routes, pavées de rentabilité, pour son patron.

Sauf que sur son chemin il y a Stella, une toute jeune cheffe de service au sourire timide. À quelques bureaux de Sylvie, elle scrute, elle aussi, son ordinateur, mais elle a les yeux tristes. Stella est entrée à *Géo* vers 2015. Dans son école de journalisme, elle rêvait de travailler pour ce titre prestigieux. Comme son nom l'indique, *Géo* présente à ses lecteurs des aperçus du vaste monde. Des photographes, des reporters y sont dépêchés, chaque mois, en Islande ou en Éthiopie, à San Francisco ou à Tombouctou, pour en glaner les plus beaux paysages et raconter la vie de leurs habitants. Sa magie est intacte : quand on vous demande, dans une soirée, votre métier et que vous répondez, avec un brin de nonchalance : « Moi ? Je suis journaliste à *Géo* », les regards se tournent vers vous et l'on se tait pour vous écouter – après vous avoir tendu la plus grosse part de gâteau, car vous voilà le roi de la fête. Un halo de séduction émane de vos lèvres, votre sourire prend je ne sais quoi de Saint-Exupéry ou de Jack London…

Stella se rappelle tout ça, mais elle sait secrètement qu'il y a tromperie sur la marchandise. Ses rêves de Pulitzer ne coïncident plus avec l'article qu'elle est en train d'écrire, sur Capri et son magnifique coucher de soleil… Peu avant son arrivée, la ligne éditoriale du magazine s'est infléchie lentement, mais obstinément. Jadis, un fier slogan publicitaire promettait aux lecteurs de *Géo* de « découvrir les pays derrière les plages », autrement dit leur réalité économique, sociale, humaine. La nouvelle direction a laissé entendre que les misères du tiers-monde faisaient baisser les ventes et qu'il fallait, désormais, éviter les sujets « anxiogènes ». Le public n'aimait pas ça, a-t-elle affirmé, il voulait de l'évasion. Il voulait des plages sans fin, des plages avec des plages derrière.

Les photographes de *Géo* ont donc reçu pour mission de détourner leurs objectifs des sordides ruelles locales pour les braquer sur les couchers de soleil – et les chefs de service, tout en tentant de résister de leur mieux, se sont faits experts en clichés touristiques, des lions de Saint-Marc au carnaval de Rio, en passant par les belles de Cadix. Vive le sable et les UV ! Et vive les publicités pour les grosses voitures : les annonceurs ont adoré ce nouveau *Géo*, plus axé sur les loisirs et la consommation. Des éditoriaux de la rédaction en chef, heureusement passés inaperçus, ont achevé de les séduire, en livrant une vision singulière du réchauffement climatique : n'était-il pas une fable démoralisante, risquant de mettre la bonne marche du monde capitaliste en péril ?

Un jour, choisissant les photos d'un sujet sur l'Afrique du Sud, Sylvie C. a écarté celles consacrées aux townships, « trop misérabilistes », et en a sélectionné d'autres montrant des étudiants fortunés, dans une université du Cap ou de Pretoria, « plus positives ». Comme un chef de service protestait, il s'est fait rabrouer : « Tu n'es pas content ? Tu trouves que ça manque de pauvres ? »

Ce matin-là, Stella se relit, découragée. Elle ne reconnaît pas les phrases qu'elle a écrites sur le pont des Soupirs, les plages napolitaines ou les remparts de Saint-Malo, elle ne sait même plus. Soudain, elle croit voir une coquille, un *s* mal placé. Elle se frotte les yeux, mais ils restent perdus dans le vague. Ce n'est pas le métier qu'elle croyait faire. Elle se voulait reporteuse au long cours, aventurière, chasseuse de vérité. Et elle n'est plus qu'une colporteuse de poncifs, perdue dans la jungle de l'orthographe. Elle regarde ses mains, les voit trembler. En fait, elle n'est plus elle-même. Son fauteuil bascule, le plancher se dérobe. Elle se lève d'un bond, marche vers le bureau de sa rédactrice en chef pour hurler de colère, mais ça risque de déraper, façon chemise Air France. Alors elle prend le sens inverse, pousse les portes battantes, goûte le vent sur la terrasse et, comme si son corps lui échappait, marche vers la balustrade. Un coucher de soleil lui jette des rayons moqueurs sur le visage, son corps vacille… Une collègue, qui fumait une cigarette sur la terrasse, se précipite pour la calmer.

Nous demandons à la direction une réunion d'urgence sur les situations de souffrance au sein du magazine *Géo*.

XI
Les chasseurs de dividendes

Le temps des châtiments est-il venu? Les financiers et les managers vont-ils rendre des comptes à toutes les Stella de la terre? Pendant quelques jours, nous nous prenons à y croire. Partout dans Prisma, à la cantine, devant les machines à café, les langues se délient. On évoque une iconographe, quelques années plus tôt, qui aurait interrompu un entretien avec Sylvie C. par un hurlement de désespoir, car celle-ci aurait dévalorisé, pour la énième fois, son travail. « Pas de misère sur les photos, le lecteur n'en veut pas, tu as compris? » C'était une iconographe élevée dans l'amour de la photo humaniste. Peu de temps après cet incident, elle partait en arrêt de travail pour plus d'un an.

En réunion de CSE extraordinaire consacré à *Géo*, nous rappelons cette histoire.

– Vous devez mettre fin à ce climat délétère! tonne Sandra V., dite « la toubib », en fixant intensément Nathalie.

J'ai surnommé ainsi cette élue car c'est elle que les salariés viennent voir quand ils ont besoin de soutien psychologique. Ils lui confient leurs bobos, petits ou immenses, sur lesquels elle reste d'une discrétion sans faille, même avec nous, ses camarades. Alors, comme dans un film muet, toutes ces misères lui débordent parfois des yeux, qui s'écarquillent en vous regardant. Elle ne vous écoute plus. La toubib a des absences, quand ses fantômes l'appellent… C'est elle, évidemment, qui a assisté Stella et l'a accompagnée à l'infirmerie, après sa douloureuse divagation.

– Pour commencer, reprend Sandra d'une voix blanche, nous demandons à la direction de fermer provisoirement la terrasse, comme ç'avait d'ailleurs été fait en 2017.

Un ange passe. Nathalie a un sourire un peu forcé. La terrasse de *Géo*, qui est au quatrième étage, a effectivement été interdite d'accès par le passé. Elle nécessitait, selon l'explication officielle, une réfection. Ses planches vermoulues menaçaient de se briser : on ne voulait pas faire courir aux salariés le risque d'une entorse. Officieusement, cependant, une autre version a couru. L'ambiance était si lourde au sein de *Géo* qu'on pouvait craindre des accidents plus graves, du haut de cette vertigineuse terrasse…

Un instant, nous croyons Nathalie ébranlée, touchée, et peut-être l'est-elle sincèrement, mais comme toujours elle se reprend vite. Elle lâche un soupir en secouant la tête et en levant les mains au ciel : elle ne semble même pas voir ce dont nous parlons.

– Vous exagérez, comme toujours, soupire-t-elle sur un ton attendri, presque maternel.

Ensuite, elle suggère que Stella a sans doute des problèmes personnels, d'où son malaise. Quant à Sylvie, la rédactrice en chef, elle restera en place, elle n'a même pas à le préciser…

Puisqu'on parle d'elle… notre Nathalie n'est plus la même. Il y a dans son regard quelque chose d'autre que l'habituelle indifférence teintée d'ennui. En répondant à nos récriminations, elle semble… heureuse, tout bonnement. Comme si son travail avait retrouvé sens. La grâce lui serait-elle venue ? Serait-elle désormais une Yes Woman ? Un peu plus tard, lors de la même séance, comme je me plains, misérablement, que les rédactions sont écrasées de travail, elle éclate de rire :

– Jean-Marie, vous êtes incorrigible, les choses ont changé ! Il faut vous y faire, nous sommes maintenant dans un *groupe financier* !

Et elle me fixe avec des yeux taquins, comme si elle-même n'en finissait pas de découvrir cette nouvelle donne, riche de tant de potentialités !

En fait, comme je le redoutais au début de mon histoire, Vivendi a vampirisé Prisma Media – ou du moins certains de ses hauts cadres. On les reconnaît presque immédiatement dans les bureaux de Gennevilliers à leur enthousiasme, leur gaieté. Trinquons aux dividendes ! Ainsi, Cécile B., une directrice éditoriale ambitieuse, s'épanouit tout autant que Nathalie sous les ordres de nos nouveaux maîtres. Elle devance déjà leurs désirs. Comme nous lui demandons, en séance du CSE, si les rédactions, exsangues, vont enfin être autorisées à embaucher des renforts, elle réplique :

– Pas celles dont les journaux sont déficitaires.

Nous ironisons : les financiers de Vivendi s'y opposent, c'est cela ?

– Non, répond-elle, avec un large sourire, c'est moi qui m'y oppose.

Chez Prisma Media, certains magazines sont encore bénéficiaires, d'autres sont passés dans le rouge ou sur le point d'y entrer. Tout cela obéit à des causes diverses, concurrence des sites d'information proposés gratuitement par Internet, hausse du prix du papier, faillite de la société de distribution de presse Presstalis et fermeture des kiosques. Avec son enthousiasme contagieux, notre pédégère muette nous a déclaré lors d'une intervention en visioconférence, délivrée à l'ensemble des salariés, que la presse magazine allait sans doute finir par s'éteindre « doucement, comme une bougie ». De quoi nous galvaniser…

Jadis – car de telles crises ont déjà eu lieu – la direction cherchait à tout prix à renverser la tendance, en investissant dans les magazines en difficulté, en rameutant leurs lecteurs par des offres d'abonnement et des campagnes publicitaires attractives. Tout cela était coûteux, mais censé rapporter, un jour, après l'orage, des fruits charnus et succulents : telle était la logique, industrielle, de notre ancien actionnaire, Bertelsmann. Les dirigeants de cet empire hésitaient longuement avant de fermer un titre dans leur petite filiale française. Il fallait pour les y contraindre que ce dernier enregistre des pertes lourdes, et pendant plusieurs années. Pourquoi cette prudence ? Sans doute parce qu'un magazine, quelles que fussent les difficultés qu'il rencontrait passagèrement, possédait à leurs yeux une *valeur potentielle*. Elle était faite de son histoire, de sa splendeur passée, des émotions, même, que son nom suscitait. Tout cela, un jour, pouvait rapporter de nouveau, comme une lampe d'Aladin qui retrouverait son lustre, ses pouvoirs, sous la rouille. Il y avait presque une forme de religiosité, dans ce vieux capitalisme d'outre-Rhin…

À l'inverse, nos nouveaux maîtres sont des financiers, c'est-à-dire des esprits forts. Foin de ces illusions, foin de ce romantisme allemand, et vive le siècle des Lumières électriques. *La valeur d'un journal est celle qu'il affiche sur la ligne du bas, celle de ses bénéfices, et point final.* Moi-même je travaille pour un magazine,

Ça m'intéresse, qui, après avoir été l'une des plus belles vaches à lait de Prisma Media, une montbéliarde des abonnements et des ventes en kiosque, une jersiaise des profits publicitaires, tire un peu la langue. Du coup, conformément à la règle d'or des Yes Men, personne n'y est plus remplacé automatiquement – or nous avons déjà trois journalistes qui sont partis avec la clause de cession. Un jour, j'explique à Nathalie – avec la désagréable impression de me répéter jusqu'au bout de la fatigue – que nous ne pouvons plus faire face, que nous risquons d'écrire des sottises et de perdre ainsi les quelques lecteurs qui nous restent. Je la supplie :

– Vivendi doit être raisonnable, même dans son propre intérêt ! Il doit comprendre que nous ne pourrons pas nous sauver sans un minimum d'investissements.

Elle l'attendait, celle-là. Joueuse, elle répond, en dodelinant de la tête :

– Mais Vivendi assure ce minimum d'investissement, puisqu'il ne ferme pas le titre !

Mes yeux s'égarent dans ceux, couleur malice, de Nathalie. Je me sens comme un chiot lancé au milieu d'un lac. Elle a raison, Vivendi investit dans notre instinct de survie – escomptant que nous travaillions comme des damnés pour sauver *Ça m'intéresse.* Regagne la rive, mon toutou, et tu auras une croquette. Pas avant.

Vincent Bolloré ne rate jamais une occasion de rappeler sa vision financière du monde. En janvier 2022, le Sénat a déclenché une enquête sur les risques de concentration dans les médias. Le milliardaire est prié de venir expliquer la stratégie du groupe Vivendi dans ce secteur. D'autres grands patrons sont également conviés, mais nul n'est dupe : c'est bien le Boa qui monopolise l'attention des sénateurs. Les représentants de la nation s'inquiètent – mais un peu tard ? – de son emprise croissante sur l'industrie culturelle française.

Debout, les mains posées sur un pupitre, Vincent Bolloré attend les questions, vêtu de ses éternels costume gris et cravate perle. Il se tient bien droit et ses cheveux blancs sont impeccablement peignés, comme d'habitude. Vous ne me changerez pas, semble-t-il dire, sanglé dans son apparence comme dans ses certitudes ; je ne m'adapterai pas, c'est le monde qui le fera. Seule concession à l'écume des jours, à la réalité extérieure : un masque blanc anti-Covid cache sa bouche et ses joues. Au-dessus, ses yeux brillent, aux aguets.

Les sénateurs chargés de l'interroger lui font face, assis en rang derrière une table. Le rapporteur de la commission, David Assouline, ouvre les débats en demandant à Vincent Bolloré de se présenter – mais, s'il le veut bien, sans prendre plus de dix minutes, précise-t-il avec courtoisie. Précaution inutile. En trois phrases, son invité va à l'essentiel. Il rappelle ses études de droit, ses premiers emplois dans la banque. Puis en 1981, à vingt-neuf ans, comment il entre dans sa passion. Il prend la tête de la société familiale de papeterie, qui bat de l'aile. Et il réalise le grand miracle de la multiplication du capital… « L'entreprise faisait alors 20 millions de chiffre d'affaires, expose-t-il aux sénateurs, avec la rude franchise des hommes d'action. Elle en fait aujourd'hui 20 milliards. » Francs ? Euros ? On ne sait même pas en quelle monnaie il parle. Peu importe, dollars, yens, pesos, sa fortune est polyglotte. Ses yeux pétillent de plus belle, triomphants. 20 milliards, *et l'on voudrait lui demander des comptes* ? Le petit enfant qui additionnait les tours de manège sur son carnet a fait son chemin, sans jamais oublier un zéro.

À quelques jours de là, je me rappelle cette profession de foi ascétique – les chiffres, rien que les chiffres – en assistant au pot de départ d'Ingrid C., une cheffe de service de *Géo*. Comme tant d'autres journalistes, elle a décidé de prendre sa clause de cession. Nous sommes une vingtaine d'invités rassemblés autour d'elle, dans un local sans fenêtre du building C de Gennevilliers, car les consignes sanitaires se sont assouplies. Nos paroles et nos rires sonnent creux dans cette pièce trop vaste. Quelques assiettes de tomates cerises et de cubes d'emmental, piqués de cure-dents, sont éparpillées sur la grande table. Nous échangeons les dernières nouvelles de nos rédactions respectives. À *Ça m'intéresse*, commencé-je, Untel est parti. Tartempion a quitté *Femme Actuelle*, renchérit un collègue. À *Télé Loisirs*, nous apprend un autre, cinq rédacteurs ont démissionné en même temps. Qui dit mieux ? Le groupe laisse filer ainsi ses journalistes, qui s'en vont après dix, quinze, trente ans de service. Ils emportent leur savoir-faire, leur expertise, leurs expériences toutes singulières, mais qui s'en soucie ? Comme dans un jeu de dupes, cette entreprise fantôme, à force d'économies, maintient ses bénéfices, voire les accroît. Et c'est ainsi que Bolloré est grand !

« Je me rappelle, quand je suis arrivée chez Prisma… » Ingrid, émue, commence son discours d'adieu et nous nous taisons pour l'écouter. Elle retrace sa carrière, dix ans chez *Capital*, cinq chez *Géo*… Sa voix s'étrangle un peu. Elle remercie, en prenant bien soin de citer leurs noms, les rédacteurs en chef successifs qui lui ont donné sa chance. Elle se moque de l'un d'entre eux et de ses colères, d'un autre et de son perfectionnisme. Elle a appris avec tous, soupire-t-elle. Quitter Prisma Media est douloureux, mais on lui offre une chance de progresser ailleurs. Il faut savoir changer… Et puis, là où elle va, elle sera enfin débarrassée de nous. Nous rions de bon cœur.

Soudain, elle soupire et ses yeux s'agrandissent. Ingrid est une femme discrète et bien élevée, elle ne fait pas souvent d'éclats, mais soudain elle a besoin d'ouvrir son cœur, de nous confier, derrière les blagues convenues, le vrai motif de son départ. Allez, on ne joue plus : « Je ne pouvais simplement pas travailler pour Bolloré », conclut-elle dans un souffle, avec un petit hochement de tête entendu. Elle promène lentement son regard sur nous, comme pour nous interroger sur notre propre capacité à le faire.

Été 2022

XII
Un torrent d'eau bénite

Que peut-on accepter ou pas, quand on gagne sa vie chez Vivendi ? La question reste toujours en suspens, dans les rédactions du groupe, comme une épée de Damoclès… Pour les journalistes de *Paris Match*, le glaive tombe de son fil le 7 juillet 2022. Ce jour-là, ils découvrent en couverture de leur magazine une surprenante image pieuse – la photo, pleine page, d'un prélat africain, dans sa plus belle robe noire. Le titre qui l'accompagne, « Qui est vraiment le cardinal Sarah ? », est mystérieux à plus d'un titre, car la plupart des lecteurs découvrent ce personnage. Et on leur promet déjà des révélations sur lui, comme s'il leur était familier ! Les présentations sont un peu rapides, non ? Ils tendent la main vers leur magazine favori d'un geste prudent, comme s'il risquait de mordre, ou de les convertir à leur insu.

Pourquoi, oui pourquoi un obscur homme de Dieu y occupe-t-il la place attitrée des stars du petit écran ou du cinéma, d'Isabelle Adjani ou d'Alain Delon ? Sa mise en avant est tellement saugrenue que personne, à la tête de *Match*, ne parvient à la justifier, quand un reporter du quotidien *Le Monde* vient interroger, le 7 juillet même, la direction du magazine à ce sujet. Les uns lui expliquent, avec quelque embarras, que cette couverture a été choisie par défaut, parce que l'actualité était pauvre cette semaine-là. D'autres, qu'elle a mystérieusement été imposée, sans qu'on sache ni comment ni par qui – opération du Saint-Esprit ? À l'entendre, le journaliste et écrivain Philippe Labro, qui a réalisé l'interview du cardinal au Vatican, ne savait pas lui-même que son sujet aurait les honneurs de la première page.

En cherchant bien, il y a pourtant des indices… Ça fait deux ans que l'ombre du Boa approche du magazine *Paris Match*. Deux ans que ses journalistes attendent, pétrifiés, d'être gobés par le serpent… En 2020, premières reptations boursières : Vivendi acquiert 10,6 % du capital du groupe Lagardère – soi-disant pour y réaliser un « placement à long terme ». On connaît la chanson : Bolloré s'introduit toujours dans les entreprises avec un air de ne pas y toucher. Il a vu de la lumière, il est entré, mais il ne fait que passer, promis ! Ainsi, chez Vivendi, en 2012, il avait d'abord acquis 4,41 % des parts, en prétendant qu'il irait sans doute à 5 % et encore, « sans urgence ». Puis il a avalé le groupe entier. L'appétit, ça ne se commande pas. *Idem*, donc, chez Lagardère. En 2021, à coups de milliers d'actions rachetées, le voilà en quelques mois son actionnaire principal. Il détient alors plus de 27 % des parts. En février 2022, à la faveur d'une OPA, sa participation s'élève à 57 %. Hop ! le vieil empire de presse est passé sous sa coupe, et avec lui ses fleurons, Europe 1 – où son emprise se fait sentir dès le printemps 2021 – et *Paris Match*, qui apprend à le connaître quelques mois plus tard. Eh oui : le cardinal Sarah, songent les journalistes du magazine, ça ne pourrait être que le choix du Boa. Ils font paraître, sitôt la surprenante couverture entérinée, une lettre ouverte s'inquiétant pour leur indépendance, « dans le contexte d'OPA de Vivendi sur Lagardère ». Bon courage à eux : ça me rappelle notre touchante prétention à obtenir une charte de déontologie, voici quelques mois, mais aussi la grève d'i-Télé (future CNews), en 2016, puis celle de 2021, chez Europe 1 – toutes deux suivies de départs massifs de salariés. *Paris Match* n'est qu'un nouvel épisode du si répétitif feuilleton Bolloré.

Il révèle néanmoins un ingrédient crucial de sa personnalité. Derrière son sourire énigmatique, cohabite avec ce que nous avons cru percevoir de cynisme, de brutalité, voire de cruauté, la… foi. D'un certain point de vue, rien d'étonnant à cela : catholique et pratiquant, Bolloré s'inscrit tout simplement dans la lignée de ses ancêtres bretons, qui faisaient dire la messe dans leurs usines. « À genoux devant Dieu, debout devant les hommes », telle est, rappelons-le, la devise de sa famille.

Cependant, l'hérédité ne suffit pas à expliquer le christianisme tout feu tout flamme de Vincent. Il y met un cœur qui n'appartient qu'à lui. Dès qu'il lance sur la TNT Direct 8, sa première chaîne de télévision, en 2005, il impose une émission religieuse, « Dieu merci ! », bien incongrue dans le paysage audiovisuel privé. Il récidive sur CNews en mai 2020, avec « En quête d'esprit ». Puis, comme il le fait quand il rachète les entreprises, après avoir tâté le terrain Bolloré l'envahit d'un coup ! Le 15 août 2021, sur C8, c'est un raz de marée d'eau bénite. Une OPA sur Dieu. Le téléspectateur est invité à avaler douze heures de programmes religieux, commençant par une messe matinale, puis des fictions pieuses consacrées à Jean-Paul II et mère Teresa, et enfin, pour élever le débat, le lendemain, un téléfilm intégriste antiavortement – où l'on voit un fœtus se débattre au moment de sa « mort »…

La couverture de *Paris Match* sur le cardinal Sarah s'inscrit dans cet élan apostolique. Ce n'est d'ailleurs pas la première fois que le Boa lui offre une tribune. CNews et Europe 1 ont déjà reçu cet homme d'Église en décembre 2021, pour une émission d'une heure.

La foi, chez Bolloré, est donc publique et ostentatoire. Elle est aussi naïve et bon enfant. Dans son portefeuille, raconte un excellent article de *La Croix* paru le 12 novembre 2021, il n'oublie jamais de glisser une liasse d'images pieuses – entre les cartes gold ? Il aurait un faible pour celle qui représente saint Antoine de Padoue. Peut-être à cause de cette curieuse comptine populaire associée à son nom : « Saint Antoine de Padoue, grand voleur, grand filou, rendez ce qui n'est pas à vous » ? Vincent porte aussi une médaille sainte et en offre à ses amis, à l'occasion – ça fait toujours plaisir. Surtout, il aurait confié la conduite de sa vie, la direction de sa conscience, à un prêtre, le discret père Gabriel Grimaud. Quand l'a-t-il rencontré ? Mystère. Dans leur biographie *Vincent tout-puissant*[1], Nicolas Vescovacci et Jean-Pierre Canet supposent qu'ils se connaissent au moins depuis le début des années 2000. À cette époque, Grimaud officie comme vicaire à l'église Saint-Germain-l'Auxerrois. Il vit alors, toujours suivant Vescovacci et Canet, dans un appartement cossu, dont la vue, donnant sur Notre-Dame, permet sans doute à son âme de mieux s'élever. Cette frugale demeure serait mise à sa disposition par Bolloré lui-même. Gabriel Grimaud signe aussi, sous pseudo,

1. *Op. cit.*

un billet sur le saint du jour dans les quotidiens gratuits *Direct Soir* puis *Direct Matin*, propriétés du Boa. Et bien sûr, ce dernier fait appel à lui pour superviser l'émission « Dieu merci ! » sur sa chaîne Direct 8.

« Nul ne peut servir deux maîtres, Dieu et l'argent », professent Matthieu et Luc dans leurs évangiles. Mais pas Vincent ! Il scelle, haut la main, la réconciliation de la foi et du dollar, en mettant le second au service de la première – et vice versa. Parmi ses nombreuses activités, Gabriel Grimaud dirige ainsi le foyer Jean-Bosco, un ancien couvent des Petites Sœurs des Pauvres niché au cœur des beaux quartiers, près de la porte de Saint-Cloud, à Paris, et dédié à l'accueil des étudiants en difficulté – grâce à la générosité de Bolloré, qui a racheté cet hospice et le parc d'un hectare qui l'entoure pour 70 millions d'euros, en 2013, avant d'y installer son prêtre favori et ses bonnes œuvres. Ses largesses ne s'arrêtent pas là. D'après Jean-Pierre Canet et Nicolas Vescovacci, le Boa « aurait financé la construction ou la rénovation d'autres lieux de refuge chers à l'abbé Grimaud, comme le chalet Notre-Dame du Christomet, en Haute-Savoie, ou la Maison des Demoiselles-Guibert située dans la Nièvre ».

Et puis il y a les petites attentions… Vincent Bolloré, quand il possédait le journal *Direct Matin*, ne manquait jamais de consacrer une page à la « brocante des Amis des jeunes chrétiens », aimable divertissement proposé chaque année, sur la place Maubert, dans le Ve arrondissement de Paris, par l'abbé Grimaud lui-même. La nécessité absolue de consacrer un encart à cet événement plongeait dans une grande perplexité les journalistes du quotidien et sans doute, aussi, ses lecteurs eux-mêmes. En septembre 2020, le site cnews.fr a pris le relais, invitant les internautes à visiter la brocante de Maubert, ce « rendez-vous incontournable pour les amateurs de bonnes affaires » précise le texte, fort alléchant. (Qui a écrit cela ? Un journaliste ? L'a-t-il écrit-il *librement*, comme le lui enjoignent les règles de base de son métier ?)

Il y a une contrepartie à toutes ces faveurs. Et elle n'a pas de prix. L'argent sert Dieu, mais ce dernier sait renvoyer l'ascenseur. Grimaud serait le confesseur de Vincent Bolloré. Selon une enquête du *Monde*, parue le 25 juillet 2021, le milliardaire aurait ce mot désarmant, pour résumer sa foi : « La religion catholique est formidable. Je pèche, je me confesse, je recommence. » Ô Seigneur, que de plans sociaux, de raids boursiers, d'entretiens préalables de licenciements on a dû commettre grâce à toi !

Dieu, dans la conception qu'en a Bolloré, et qu'il nous donne à voir, semble doux, voire coulant, envers les puissants. En revanche – c'est vraiment une perle ! – il sait, quand il le faut, se montrer sévère avec les laborieux et les rappeler à leur proverbiale humilité. Dans sa biographie de Bolloré, Vescovacci cite un texte édifiant du père Grimaud consacré aux péchés des salariés, bien plus impardonnables que ceux, véniels, de leurs dirigeants : « C'est devenu une habitude [...] pour obtenir quelque chose de son patron [...], il faut protester longuement devant l'horrible dictature de celui qui entend ne pas céder à la moindre revendication. [...] Ce comportement, issu des habitudes syndicales [...], est néfaste pour les sociétés. » Amen.

On l'aura compris : chez Bolloré, Dieu vote à droite. Pour en revenir au cardinal Sarah, « cet homme de paix », selon les mots onctueux de *Paris Match*, s'est fait remarquer par ses déclarations lors de la deuxième session du synode sur la famille, à Rome, en octobre 2015 : « Les idéologies occidentales de l'homosexualité et de l'avortement et le fanatisme islamique sont aujourd'hui ce qu'étaient le nazisme, le fascisme et le communisme au xxe siècle. » Propos effarants cités par Constance Colonna-Cesari – *Dans les secrets de la diplomatie vaticane*[1].

Chacun sa croix : chez Prisma comme à *Paris Match*, nous devons composer avec les lubies religieuses du Boa. Ou plutôt, en ce qui nous concerne, avec celles de son frère. Car Michel-Yves Bolloré, l'aîné, croit aussi en l'Éternel, et il le fait largement savoir, en 2021, dans un livre de près de six cents pages intitulé sobrement *Dieu, la science, les preuves* (éditions Guy Trédaniel), et coécrit par un polytechnicien chrétien, Olivier Bonnassies. Ce pavé (de bonnes intentions) entend confronter – si mon cerveau agnostique l'a bien compris – religion et savoir scientifique. La thèse soutenue est que la science, après s'être détournée de la foi, jusqu'au xxe siècle, pour tomber dans les ornières matérialistes, est devenue aujourd'hui une alliée objective de Dieu. La théorie du Big Bang ne suppose-t-elle pas l'existence d'un Créateur de l'Univers ?

Je suis bien incapable d'en juger – mais d'après de nombreux scientifiques, ce raccourci est précisément un peu court. La notion même de naissance de l'Univers, porte ouverte à un dieu obstétricien, reste l'objet d'innombrables spéculations. Robert Wilson, prix Nobel de physique, a préfacé le livre de Bolloré et Bonnassies, jugeant sa présentation de la théorie du Big Bang excellente… puis a regretté de lui avoir donné sa caution – selon le site canadien lapresse.ca, qui l'a interviewé – quand il a appris qu'il concluait à l'existence de Dieu.

Moins bégueule, la presse Vivendi a salué en termes élogieux l'opus de Bolloré frère. Michel-Yves a été interviewé sur

1. Seuil, 2016.

CNews, mais aussi sur Europe 1, deux fois, en octobre 2021 et février 2022. À la fin 2021, peu avant leur disparition, les frères Bogdanov ont chanté les louanges de l'ouvrage dans *Paris Match* (déjà en phase de conversion aux évangiles bolloréens ?). Ils ont écrit que ce livre était un véritable « guide de pensée, un logiciel d'un genre nouveau téléchargé sur l'intellect de l'homme du XXIe siècle », rédigé, en prime, avec l'aide d'« une vingtaine de scientifiques et d'experts de premier plan ». Diable ! Les frères Bogdanov se comptent-ils dans le lot ? Eux-mêmes ont participé à la conception de *Dieu, la science, les preuves*, ce qu'ils omettent modestement de rappeler dans cette critique enflammée. En revanche, Bolloré et Bonnassies le soulignent dans la postface : « Les frères Bogdanov [...] ont apporté une contribution essentielle à la rédaction du chapitre sur le Big Bang » (p. 351). Les renvois d'ascenseur conduisent parfois jusqu'au ciel...

Prisma Media n'a pas échappé à ce grand prêche médiatique. Dans son numéro de février-mars 2022, *Management*, magazine économique du groupe, juge utile d'interviewer Michel-Yves Bolloré sur une pleine page, et sans question déplaisante. Dans la présentation qui est faite de l'auteur, il est précisé de façon laconique que Michel-Yves Bolloré est le « frère aîné de Vincent ». Il eût peut-être été judicieux d'ajouter, pour informer utilement le lecteur : « Michel-Yves Bolloré est le frère de Vincent, *commandeur de Vivendi, de Prisma Media et donc de* Management, *le journal que vous tenez entre vos mains.* »

Tout le monde n'agit pas ainsi. Il se murmure (dans *Le Monde*, 8 avril 2022) que la journaliste Anna Cabana aurait été un moment mise sur la touche, au *Journal du Dimanche*, pour avoir refusé de reconnaître les preuves pourtant éclatantes de l'existence de Dieu – et donc d'écrire un compte rendu complaisant sur le livre de Bolloré frère. Si c'est vrai, serviteur, Madame. Même salut admiratif à Bruno Jeudy, viré de *Paris Match* (selon le site Les Jours du 18 août 2022) – et officiellement parti de son propre chef – pour avoir contesté à haute voix la une consacrée au cardinal Sarah.

Voilà, on en revient au début de mon sermon : jusqu'où est-on prêt à aller quand on est un salarié du Boa ? Mon collègue de *Management* a apparemment fixé ses limites – très élastiques, me semble-t-il, pour plus de confort peut-être. Quelques mois après son interview du frère Bolloré, il sera en tout cas engagé au *Journal du Dimanche*, à un excellent poste.

On fait toujours, pour finir, ce que veut le Boa, telle est ma conclusion. Même quand j'écris contre lui, je lui appartiens. Il décidera de la fin de mon texte, me dis-je en pianotant ces mots sur mon clavier, dans un moment de découragement, par une nuit sans lune. Peut-être vais-je tomber dans un trou noir et ces pages vont-elles disparaître sans être jamais lues par personne ! Ou peut-être les renierai-je pour un bon job. Mais ce n'est pas forcé. Écoutez plutôt l'histoire d'Enzo…

XIII
Les cigales avaient tout compris

Cet après-midi-là j'ai rendez-vous avec Enzo K., mon rédacteur en chef à *Ça m'intéresse*. Ou plutôt, j'ai rendez-vous avec son image, car nous allons converser en visioconférence. Enzo ne vient à Gennevilliers que deux jours par semaine. Il passe le reste de sa semaine laborieuse dans sa villa provençale, nous délivrant ses consignes depuis le fond de son jardin. Il nous expédie avant le pastis. Je le retrouve sur l'écran de mon ordinateur, assis devant une table ronde en fer forgé et sous un parasol. Il porte des habits décontractés d'estivant, chemise blanche, pantalon crème et mocassins sur pieds nus. Sa silhouette se détache sur le parterre de pelouse verte. Derrière lui, une rangée de bosquets de lavande se dresse contre le mur de vieilles pierres de son mas. Leurs fleurs violettes se balancent doucement au vent. On imagine la piscine pudiquement cachée, hors champ. Ça va pour lui, me dis-je avec un peu d'aigreur.

Malgré ce cadre idyllique, couronné par un ciel bleu irréprochable, Enzo est inquiet. Son visage doux et rond, presque poupin, est tout chiffonné. Des visions mauvaises traversent ses pensées. Il penche la tête, regarde ses chaussures, fait la moue. On dirait un bébé puni.

– Tu ne sais pas ce qu'ils me demandent, bong sang ! s'exclame-t-il soudain, avec cette pointe d'accent marseillais qu'il n'a jamais perdue.

J'affiche une moue contrite, tout en songeant : ben si, mon vieux, je suis au courant, figure-toi. À *Ça m'intéresse*, coupable comme je l'ai déjà dit de mauvais résultats, le simple exode des journalistes, avec leur clause de cession, ne suffit pas à satisfaire la direction, ni les financiers de Vivendi. D'un mouvement mécanique, ils font non de la tête. Enzo a pour ordre de se séparer, en plus, de huit ou dix CDD qui viennent régulièrement plusieurs semaines par mois, et plusieurs mois par an, éponger le surcroît de travail. Tant pis pour eux, qui survivent grâce à ce salaire discontinu, et tant pis pour nous. Plus de renfort pour les punis.

Voilà pourquoi mon Enzo est dans ses petits souliers, au fond de sa Provence. Il a du mal à faire ce qu'on exige de lui, il a des états d'âme, car c'est un manager « de gauche » – douloureux oxymore…

Quand il venait encore travailler à Gennevilliers, il débordait d'attentions envers nous, ses subordonnés. Le vendredi soir, avant le week-end, il nous régalait d'une bouteille de champagne. Et il nous accueillait le lundi suivant avec des croissants, des pains aux raisins, des pains au chocolat. Il nous tendait la corbeille sous le nez, nous forçant presque à en reprendre, avec un regard perpétuellement inquiet, fautif. On aurait dit qu'il voulait se faire pardonner sa fonction – car pour finir il était quand même notre chef.

Enzo s'est toujours montré particulièrement amical avec moi, peut-être parce que je suis secrétaire du CSE et syndicaliste. Il rit avec indulgence de mes blagues, même quand je me moque de Nathalie, voire de Carina, la pédégère muette. Tandis qu'il écoute mes plaisanteries ou mes imitations moqueuses, ses yeux semblent s'échapper, à droite, à gauche, fouillant les couloirs. De peur que surgisse quelque sous-manager zélé, qui le dénoncerait à la direction ? Bravache, il me prend par l'épaule. « Ça suffit ? semble-t-il me demander. Je prends assez de risques pour vous ? Vous m'aimez bien ? »

Oui, je t'aime bien, Enzo, mais j'ai toujours su qu'un jour tu serais forcé de choisir ton camp, et qu'alors ce serait la guerre entre nous. Je crois que nous y sommes. Même à travers l'écran, je sens ton malaise. Tu tournes la tête, tu te caches.

– Ils croient que je vais m'écraser ? poursuit Enzo, comme s'il entendait mes pensées. Ce n'est pas mon genre !

Sa voix tremble. Ses résolutions vacillent. J'imagine ses pieds, chatouillés par l'herbe. Il a une belle maison, un train de vie confortable. Et il devrait y renoncer pour nous ? Ou pour des principes ? De la main il chasse une mouche, qui s'est posée sur sa joue. Qu'est-ce que ça change qu'il vire ces fichus CDD ? Si ce n'est pas lui qui s'y colle, ils en prendront un autre… Toutes ces pensées, je les imagine se bousculant sous son crâne et il fait de son mieux pour leur résister.

Le souffle court d'Enzo envahit le micro de l'ordinateur, mais derrière lui, j'entends un curieux grésillement… Je mets un instant à l'identifier, puis mon visage s'illumine : ce sont les cigales de Provence, qui chantent à tue-tête ! Je souris, me rappelant mes vacances d'enfant et leur crincrin lancinant, qui traversait les volets de la maison de mes parents, à l'heure de la sieste…

Forcément, ce détail touristique ruine les paroles martiales d'Enzo. À travers l'écran, il lève vers moi des yeux d'enfant buté :

– Attention, s'ils me poussent à bout, je suis capable de… de…

Soudain, un silence emplit l'ordinateur. Les cigales se sont tues. Elles retiennent anxieusement leur souffle, attendant la suite. Vont-elles devoir changer de propriétaire ? La silhouette d'Enzo, dans son élégante tenue, rapetisse dans le décor, comme s'il tombait, en chute libre, au fond de l'écran. Ses pupilles se tournent vers moi et me fixent interminablement, comme pour m'appeler au secours. « Bon sang, donne-moi du courage ! » semble-t-il me demander, sans un mot. Puis ses yeux me fuient de nouveau.

– Je me comprends… marmonne-t-il.

Les cigales reprennent leur tintamarre, rassurées. Depuis Tartarin de Tarascon, elles en ont entendu, des grandes déclarations de guerre ! Je toise Enzo et, avec une dureté que je ne me connaissais pas, je lui dis, en pensée :

– Moi aussi, je te comprends, petit fanfaron. Bas les masques, tu ne vaux pas mieux que les autres managers. Même avec des trémolos dans la voix, tu feras ce que la pédégère t'ordonne !

Mon œil s'aiguise, ma mâchoire se crispe. Les jours qui passent me rendent acerbe. Une nausée me gagne et, comme Enzo, je tourne la tête pour me cacher. Dans le fond, je n'ai pas de leçon à lui donner. Chacun selon nos aptitudes, nous devenons lentement pires que nous-mêmes, tout poisseux de haine ou de peur : voilà le triomphe du Boa et de son argent.

Sauf que. Une semaine plus tard, je me promène dans l'immeuble de Gennevilliers. Nous sommes un vendredi. Les veilles de week-end, les bureaux sont vides de chez vide. Tout le monde télétravaille. Je marche de couloir en couloir, traversant les salles de rédaction désertes. *Capital*, *Géo*, *Ça m'intéresse*. Soudain, je surprends de la lumière, par la porte entrouverte du bureau d'Enzo. Tiens, que fait-il là ? Il n'a pas les pieds dans sa piscine ? ricané-je intérieurement. Je passe la tête.

Il est assis, le visage dans l'ombre, derrière l'auréole de sa lampe. Il ne fait rien, il rêvasse. Je remarque immédiatement ses traits détendus, ses joues envahies d'une barbe de trois jours, et ses yeux qui brillent si fort !

Croisant mon regard, il me pointe du doigt et rit, comme s'il avait gagné un pari :

– Ah, salut, Jean-Marie ! Tu vois, je te l'avais bien dit ! Je n'ai pas cédé, j'ai sauvé les CDD, ils sont inscrits au budget. *Ça m'intéresse* garde tous ses postes, le journal se fera à effectif constant.

Il glisse ses bras derrière sa tête et sourit, pas peu fier… Il a bien mérité de s'offrir un peu de gloriole, on n'est pas un héros tous les jours. Un frisson prémonitoire m'envahit.

– En revanche, poursuit-il, j'ai été convoqué pour un entretien préalable de licenciement. Hé oui, je vais être viré ! Bah, c'est la vie, je savais ce que je risquais… J'ai le droit d'être accompagné par un élu du personnel. J'aimerais que ce soit toi, tu veux bien ?

Sacré Enzo ! Il se lève, nous tombons dans les bras l'un de l'autre et je cache ma honte au creux de son épaule.

J'ai du mal à écouter Nathalie. Ses lèvres remuent, malaxant une bouillie de mots. Au-dessus de sa tête, dans son bureau, une affichette scotchée au mur aimante mes yeux, avec son titre en gros caractères bleus :

« Restez toujours optimistes ! »

Sous ce premier commandement, d'autres suivent, plus petits :

« Portez votre masque – mais n'oubliez pas de sourire derrière. »

« Toussez dans votre coude – mais riez de toute votre âme. »

« Restez à distance des informations et contenus anxiogènes. »

« Désinfectez votre esprit et libérez-vous de toute information non optimiste. »

Ce joyeux poème, écrit par quelque responsable des ressources humaines féru de développement personnel, a été placardé, un peu partout dans les étages, les couloirs, les salles de réunion, et à côté des ascenseurs. Sans doute vise-t-il à dissiper les tensions liées au protocole sanitaire – ainsi que celles consécutives à notre rachat par Vivendi –, mais en ce moment, j'ai beau le lire et le relire, je n'arrive pas à en comprendre le sens. Ou plutôt si : mon entreprise a perdu la raison, voilà ce que je saisis en filigrane.

Je baisse les yeux. Dans ma ligne de mire, Nathalie ne rit pas de toute son âme, oh non. Elle a enfilé son masque lugubre, celui des mauvaises nouvelles. Ses longs cheveux noirs tombent autour de ses joues, et allongent son visage. On dirait une Aztèque, prêtresse du sacrifice.

D'une voix grave, elle énumère les griefs de l'entreprise à l'encontre d'Enzo. C'est un exercice imposé, lors des entretiens de licenciement. Il faut bien avoir quelque chose à reprocher au salarié éjectable, ficelé sur son siège, avant d'appuyer sur le bouton.

Enzo, assis face à elle, écoute de son mieux, mais il est tétanisé par le trac. On n'est pas viré tous les jours.

Nous sommes quatre réunis autour de la table – sous la joviale affichette anti-Covid. Hormis Nathalie, Enzo et moi, il y a Suzanne T., la supérieure de ce dernier. Dans la mise en scène rituelle de l'entretien, son rôle consiste à se plaindre d'Enzo et à appuyer les motifs de son renvoi. Aussi, tandis que Nathalie lit à haute voix ses reproches, Suzanne hoche la tête d'un air entendu, le menton tremblant. Elle joue sa partition avec conviction : il me semble que ses yeux lui sortent de la tête et qu'elle lève un doigt inquisiteur, comme une reine méchante de conte de fées.

– Enzo K. ne manifeste pas le moindre respect envers sa hiérarchie, ânonne Nathalie. Le 22 février, sa supérieure lui a demandé par mail quel serait le sujet de la couverture du magazine d'avril. Il lui a répondu : « Ma Suzanne, si seulement je le savais ! »

Nathalie se tait un instant. Elle laisse le silence juge de cette coupable apostrophe. J'éclate de rire.

– Vous n'avez que ça contre lui ? Les prud'hommes vont adorer !

Les deux têtes directoriales se tournent vers moi et me fixent avec dédain, comme un inconscient. Leur indignation me donne, en retour, un accès de nausée. Voici quelques semaines, Suzanne savourait avec délice les impertinences d'Enzo. Elle gloussait en lui offrant le bras dans le couloir, comme une rombière qui s'encanaille. Maintenant, les mots frivoles de mon rédacteur en chef se retournent contre lui, car il n'est plus en cour. Nathalie se penche vers moi, elle pose doucement la main sur mon avant-bras et soupire :

– Non, Jean-Marie, non, on ne parle pas comme ça, *pas à une top manageuse* !

Elle me sourit d'un air indulgent, comme si je ne pouvais comprendre les codes de ce monde-là, sous-fifre que je suis, puis reprend sa litanie, lisant sur sa feuille, d'une voix monocorde, réglementaire, des griefs tous plus ineptes les uns que les autres. Un jour, Enzo est arrivé en retard, un autre, il a ri ostensiblement d'une remarque de Suzanne… Je proteste mais, ravie de sa trouvaille, Nathalie répète d'une voix taquine, comme dans une pièce de Molière :

– Voyons, Jean-Marie, *pas comme ça, pas avec une top manageuse* !

Mon malheureux rédacteur en chef tourne aussi la tête vers moi. Il flanche. Ses yeux se sont rétrécis, ses pupilles sont deux petites pointes de douleur. Il s'y était sûrement préparé, mais ces piques mesquines lui font mal… Je lui souris doucement. Ne les écoute pas, mon Enzo, tu as été héroïque. C'est ça, ton vrai bilan. Tu pars comme un roi, une légende !

Nathalie lève la main. Elle arrive à la fin du verdict. Elle énonce la dernière faute, la seule, la vraie – les autres n'étaient que des amuse-bouches.

– Malgré les avertissements répétés de sa manageuse, Enzo K. s'est refusé à effectuer les réorganisations indispensables (en français : à virer les CDD) et *il a donc mis en péril l'équilibre financier* de *Ça m'intéresse*.

Là, pour la première fois, je sens une vraie colère, un vrai écœurement dans la voix de l'Impatiente. Ce petit salopard, semble-t-elle se dire, a trahi les intérêts de l'entreprise qui lui avait tant donné… Suffit, qu'il disparaisse !

Dans un geste étonnant, spontané, Suzanne tend soudain le bras à travers la table et attrape nerveusement ma main. Elle a quelque chose à me dire, une confidence à me faire. Ses yeux, déjà énormes, se gonflent d'émotion. J'ai peur qu'ils explosent !

– Écoutez-moi, Jean-Marie, le journal ne gagne plus d'argent. Plus un centime ! Ça ne pouvait pas continuer comme ça.

Une seconde, un grand vide envahit mes pensées. Une sorte d'apaisement inattendu et infini. Mes doigts se relâchent entre les griffes de la Reine. C'est exactement la même sensation qu'avec ma cheffe, à *Géo Histoire*, quand elle m'a demandé d'accepter la suppression de ce malheureux article sur Vuitton pour protéger les recettes publicitaires du groupe. Je me suis dit : et si c'était la bonne solution ? Et s'il me fallait, comme le professait Descartes, changer mes désirs plutôt que l'ordre du monde ?

Un point minuscule surgit dans l'obscurité de mon crâne, il grossit, grossit : c'est Max, mon Jiminy CGT ! J'arrache brutalement ma main et réplique à la Reine :

– C'est déjà le deuxième rédacteur en chef que vous sacrifiez à la tête de *Ça m'intéresse*. Et si le problème venait… d'ailleurs ?

Trop aimable ! grimace Suzanne, car « d'ailleurs », ça veut dire d'elle. Nathalie se lisse les cheveux, faisant celle qui n'a rien entendu, mais une très légère rougeur colore ses joues ; peut-être le signe d'un certain contentement ? La petite pique que je viens d'envoyer lui servira un jour, qui sait, à enfoncer sa top collègue, voire à demander sa peau.

Chaque chose en son temps. la directrice annonce à Enzo que l'entreprise doit désormais délibérer. Il se tourne vers moi, étonné. Je traduis, pour couper court à tout malentendu : l'entreprise ne va pas vraiment délibérer, mais respecter en fait un délai minimal de deux jours, imposé par la loi, avant de donner son verdict. D'ici là, officiellement, sa décision n'est pas prise – mais après il sera viré, ça ne fait malheureusement aucun doute. Enzo baisse la tête.

L'entretien s'achève d'un coup. On se lève tous les quatre, on ne se remercie pas, on ne se serre pas la main, on connaît le chemin.

XIV
Le lugubre répertoire

Ce matin-là, j'adresse un courriel aux élus de l'intersyndicale SNJ-CGT pour les convier à la réunion de routine qui a lieu avant chaque CSE. Nous y préparons ensemble les questions que nous poserons à la direction. Jadis, ces brainstormings se déroulaient dans une salle allouée par l'entreprise à nos organisations syndicales. Désormais celle-ci reste vide, et nous nous retrouvons en visioconférence, en contournant la vie matérielle. Il n'y a plus de réalité, il n'y a plus que des écrans.

Un quart de seconde après que j'ai cliqué sur ma souris pour envoyer le mail collectif d'invitation, trois réponses apparaissent déjà dans ma boîte de réception. Elles portent chacune le même intitulé : « Delivery Status Notification ». J'ouvre machinalement la première. Elle m'informe que le destinataire, Pascal D., n'a pas reçu mon courriel. Son adresse est introuvable. Mes yeux s'écarquillent de surprise, puis s'éteignent. Petite blessure, deuil miniature. Pascal a tout simplement été rayé du répertoire de Prisma car il n'appartient plus à l'entreprise. Il a pris, voici quelques semaines, sa clause de cession. Je l'avais oublié… Idem pour Christine D. et Loelia G. – les autres « Delivery Status Notification » que je reçois ce matin-là. Ça m'arrive de plus en plus souvent : j'écris à des salariés et un message automatique m'indique leur absence, définitive…

Pascal, Christine, Loelia, trois noms, trois disparus parmi d'autres. En ce mois de juin 2022, près de cent vingt journalistes de Prisma (quatre-vingts CDI et quarante pigistes) ont déjà fait jouer la clause de cession. Et le mouvement devrait s'accentuer en juillet et en août : des salariés qui souhaitaient initialement tirer leur révérence le 30 novembre, dernière limite fixée par la direction, vont anticiper cette date pour profiter des mois d'été, qui s'annoncent ensoleillés. Ils perdront trois mois de salaire – d'ailleurs compensés en partie par le chômage –, mais l'argent ne suffit pas à les retenir un jour de plus. Ils en ont trop marre… Pourtant, comme ils ont aimé cette entreprise ! Même les râleurs, comme moi, en prennent conscience, à mesure qu'elle tombe en miettes.

Dans un de nos magazines, en juin, le rédacteur en chef demande à une journaliste démissionnaire quel jour elle veut réunir ses collègues, pour leur faire ses adieux autour d'un verre. « Pas de fête, merci », réplique-t-elle, les lèvres serrées, le regard dur. Ni fleurs, ni couronnes, ni effusion, ni rien. Les salariés passent à la caisse, puisque la loi leur en donne le droit, mais sans chichi. Quelque chose est cassé – eux, peut-être.

Pascal D. a passé trente ans chez Prisma. Dans le journal où il travaillait, c'était un monument, une mascotte. Une mémoire aussi. Il se rappelait par exemple, parmi les centaines de sujets qui avaient été traités, lesquels avaient été particulièrement appréciés des lecteurs – et pouvaient donc être revisités avec quelque chance de succès. À l'inverse, il connaissait ceux qui avaient fait des « bides » et ne devaient donc surtout pas être abordés une nouvelle fois. Et cela, les nouveaux journalistes n'avaient pas le recul pour le savoir ! Pascal offrait bien d'autres ressources, il était précieux en particulier au CSE où il défendait le personnel depuis plus de quinze années. Je me rappelle ses apostrophes à la direction, agrémentées d'exclamations colorées, « Votre attitude est intolérable », « C'est proprement inouï ! » Ses éclats de rire. Sa voix grave, avec un généreux accent du Sud-Ouest. Ses pulls élimés, ses cheveux en bataille, ses sourcils broussailleux. C'était lui et personne d'autre… Et voilà qu'il disparaît d'un coup – d'un chèque. Le calcul est simple, froid : pour trente ans de travail, Pascal percevra, environ, trente mois de salaire d'indemnités, une belle somme. Et ça effacera tout, sa vie, sa mémoire, son parler chantant. « Delivery Status Notification ». Parti sans laisser d'adresse mail.

Cela vaut aussi pour Christine D., discrète pigiste, mais spécialiste reconnue des problèmes écologiques. La multinationale Monsanto l'a désignée, dans un document interne qui a été ébruité, au nombre de ses adversaires privilégiés. Comme elle est modeste, c'est nous qui en avons été fiers pour elle. Ou Loelia G., pigiste elle aussi, dans les journaux féminins du groupe et défenseure acharnée, en CSE, des précaires de l'entreprise. Christine, Loelia, Pascal… des gens divers, d'une valeur inestimable. Pourtant, à la fin des fins, cette valeur est strictement calibrée, convertie en argent : un mois d'indemnité par année de présence chez Prisma. N'est-ce pas la logique, post-alchimique, de la clause de cession ? Toutes les merveilles, les aspérités d'un être humain résumées, avalées et recrachées en un virement bancaire.

En CSE, un jour, Max, appuyé précisément par Loelia, mais aussi par Camille V., une élue CFDT aspirée par l'élan collectif, a plaidé pour que les salariés proches de la retraite soient invités à prendre le temps, quelques heures par semaine, de transmettre leurs connaissances aux jeunes recrues. « Songez aux ressources inestimables qui se perdent chaque fois qu'un d'entre eux s'en va ! » s'est-il enflammé.

Ben en voilà une idée, qu'elle est bonne ! a bâillé, en guise de réponse, la direction. Tu en as une autre à nous proposer, Cassandre, qu'on rigole un peu ?...

Un jour, j'accompagne Laura R. chez une responsable des ressources humaines. Laura est secrétaire de rédaction et elle empile les CDD dans nos magazines, à intervalles réguliers, depuis plusieurs dizaines d'années, ce qui me semble légalement contestable : Prisma aurait dû la régulariser en lui proposant un CDI. Aujourd'hui, dans sa quête de rentabilité, la société a décidé de se priver définitivement de ses services. Pour régler son cas à l'amiable, elle propose donc de lui verser des indemnités. Nous réclamons depuis toujours de tels arrangements, pour les CDD poussés vers la sortie, et ils nous sont refusés avec dédain : les salariés mécontents n'ont qu'à attaquer l'entreprise en justice. Pourquoi la direction change-t-elle soudain d'attitude ? Mystère des hautes sphères...

En traversant la cour, entre les bâtiments de Prisma, Laura me confie ses inquiétudes. Ses indemnités – d'environ un mois par année de présence, comme pour la clause de cession – vont-elles être correctement comptabilisées ? Elle-même s'y perd un peu... Est-elle là depuis trente-deux ans ? Trente-trois ? Mon Dieu... En tout cas, m'assure-t-elle fièrement, elle est la doyenne de l'entreprise ! Elle en a connu, des dirigeants (elle renâcle à dire « managers »), des rédacteurs en chef. Elle s'arrête devant la cafétéria, les yeux brillants, comme surprise par ses propres souvenirs. Elle était là aux temps héroïques du groupe ! Elle faisait la bise à M. Ganz, le fondateur de Prisma – en prononçant ce nom elle range, par respect, une mèche grise de ses cheveux s'échappant de son chignon. Laura a le dos très légèrement voûté, sous sa veste beige et cintrée, mais sa voix est vive, traversée de rires juvéniles. Je tends l'oreille, ses confidences me sont précieuses, encore une mémoire qui va s'envoler…

Une responsable des ressources humaines, Cécile F., nous attend dans son bureau. Elle nous ouvre la porte. Un soleil surexposé traverse la fenêtre du fond – nous sommes en juin et les rayons sont déjà intenses ! D'un même geste, Laura et moi levons le poignet pour nous protéger les yeux. Cécile le remarque et va vite tirer le voilage sur ses vitres, en murmurant « Pardon ! » Elle nous fait asseoir, nous propose un café, que nous déclinons. Nous sommes entre gens délicats, une denrée rare dans cette entreprise, gagnée par la sauvagerie. Nous allons vivre, malgré les circonstances, un moment aussi policé que possible…

Assise derrière son ordinateur, nous souriant à tour de rôle, Cécile félicite Laura pour sa carrière : « Trente-cinq ans au service de l'entreprise ! » La salariée se raidit un peu, car elle n'en avait pas compté autant, un pan de sa mémoire lui a échappé. Il y a un recoin mal éclairé, dans sa tête. Son front se plisse. « Trente-cinq ans, vous êtes sûre ? » Cécile vérifie ses données, sur l'écran d'ordinateur : « Absolument, Laura, votre premier bulletin de paie date de 1987. »

Cécile me regarde longuement, émue ! Nous parlons d'une époque que ni elle ni moi n'avons connue… Bientôt, elle explique à Laura l'estimation de ses indemnités. « C'est un peu technique », s'excuse-t-elle à l'avance. Elle appuie sur une touche et des colonnes de chiffres défilent sur son écran. Pour ne pas se tromper, elle a chaussé ses lunettes en demi-lunes. Ancienneté, treizième mois, congés payés, plus un bonus forfaitaire de dédommagement – elle malaxe toutes les données. Voilà ! soupire-t-elle, satisfaite de ses calculs. Le total pourra varier, précise-t-elle avec prudence, mais a priori, on arrive à :

– 123 321 euros. Oh, c'est une somme palindrome ! s'exclame-t-elle, tout amusée.

Le sourire de Laura se fige, son dos se raidit. Je suis également sonné – et Cécile, quant à elle, une fois sa blague lâchée, reste muette, la bouche entrouverte. C'est trop d'argent, voilà notre impression confuse. Ce pactole vient de tomber comme un coffre-fort au milieu de notre conversation, broyant tout dans sa chute. On étouffe, soudain. Notre hôtesse se lève et ouvre la fenêtre.

Il faut cependant poursuivre l'entretien. Cécile se reprend et donne à Laura une liasse de papiers administratifs réglementaires à signer. Ils actent sa séparation d'avec Prisma. Pour passer le temps, tandis que la secrétaire de rédaction paraphe chaque page, nous parlons, Cécile et moi, de choses et d'autres, nos vacances, un film… puis nous nous taisons, à bout de banalités cotonneuses. Un malaise m'envahit. Soudain, je me rappelle une autre scène, qui s'est déroulée dans ma vie personnelle, loin d'ici. Mais où, bon sang ? C'était le même silence, le même ciel lumineux, le même apaisement trompeur et surtout les mêmes calculs limpides, définitifs…

Ça me revient. J'étais chez un notaire et il me donnait lecture d'un héritage. Voilà, tout était fini, une vie était passée mais il restait de l'argent, il ne restait plus que cela. Et il y en avait trop, surtout une somme trop précise, c'était ça le plus gênant. Comme si le mort se résumait à un solde de tout compte, au centime près.

Laura est courbée sur un coin de table et, le sourcil froncé, elle appose scrupuleusement ses initiales sur chaque page du document. Ce document qui met fin à sa carrière. Elle le fait avec de plus en plus d'entrain, en lâchant de petits soupirs satisfaits – peut-être des rêves de gagnante du loto sont-ils en train de lui naître. Une coupe de champagne en terrasse. Une place à l'opéra, pour écouter *La Traviata*…

Quelques heures plus tard, elle quitte Prisma pour de bon. Elle a vidé son bureau et rassemblé ses affaires dans trois petits cartons. Un chauffeur les charge dans le coffre du taxi. De l'autre côté de la barrière, dans la cour, je lève le bras pour la saluer. Elle croise mon regard mais sans me reconnaître, cernée par ses mirages à six chiffres.

L'argent ! Il apparaît, disparaît, il se tarit ou gicle à profusion. Il illumine, d'un coup de baguette magique, le chemin de Laura – après qu'elle a enduré des décennies de labeur chichement payé – et dans le même temps il disparaît des couloirs des immeubles de Gennevilliers, qui se déglinguent à vue d'œil. Ultramodernes voici douze ans, quand nous nous y sommes installés, ces bâtiments souffrent de vieillissement accéléré, les carrés de moquette grise se sont ternis, les murs, par endroits, se sont lézardés. Plus vexant, les toilettes fuient régulièrement. On entend le glouglou démoralisant de l'eau se déversant dans la cuvette, depuis la photocopieuse qui d'ailleurs, pour sa part, grince et tremble, comme si elle avait peur de la panne finale. Oh, le diagnostic n'est pas sorcier : là, vous voyez la peinture qui s'écaille ? Et là, le joint qui se déchire ? Et dans les entrailles de la machine, le petit rail qui s'est tordu. J'imagine qu'il manque des sous pour réparer tout ça, ou du moins, que ce n'est pas pressé. Pourquoi investir des fortunes dans une entreprise qui n'est plus, ou plus assez, rentable ? Pourquoi contraindre l'argent à faire ce qu'il ne veut pas ?

En voyant un manège, qui tournait au son d'un orgue de Barbarie, le petit Vincent a découvert la sarabande du pognon, la ronde des bénéfices. Derrière les chevaux de bois et leur futile vertige, tout juste bon pour les enfants de son âge, il a perçu d'autres rouages, une autre machinerie. L'engrenage des profits… Ça a changé sa vie puis, à partir de 2020, la nôtre, chez Prisma.

Revenons, un instant, en janvier 2022. Vincent Bolloré vient s'expliquer sur ses activités devant la commission d'enquête du Sénat. L'un des élus qui l'interroge, David Assouline, a l'idée apparemment saugrenue d'énumérer les principales entreprises qui composent son empire. Ça va être un peu fastidieux, prévient-il…

Il respire un grand coup, puis se lance : « Dans les médias, vous avez les chaînes CSTAR, CNews, la chaîne Canal et toutes ses variantes, K+ Vietnam, Canal+ international, Canal+ Polska, Canal+ Myanmar ; dans la publicité l'institut de sondage CSA, l'agence Havas et toutes ses filiales. Vous prenez part à Universal Music Group, premier label de musique au monde. Vous détenez le groupe Prisma Media et ses différents titres, dont *Ça m'intéresse*, *Neon*, *Prima*, *Voici*, *Géo*, etc. ; l'hebdomadaire *La France catholique*. Vous avez des maisons d'édition : Plon, Perrin, la collection “Les livres pour les nuls”, Robert Laffont, Seghers, 10/18, Héloïse d'Ormesson, le Cherche-Midi, La Découverte »… Assouline avale une gorgée d'eau et poursuit, citant les sociétés du groupe Hachette, en passe d'être avalées par Vivendi : « Europe 1, *Paris Match*, *Le JDD*, les éditions Hachette, Stock, Fayard, Pauvert,

Grasset, Hachette tourisme (dont “Le guide du routard”), JC Lattès, Larousse[1] »…

Au fil de cette énumération, les rares téléspectateurs présents, comme moi, devant la chaîne Public Sénat – qui retransmet l'audition de Bolloré – restent bouche bée. On n'imaginait pas de tels trésors dans l'escarcelle du Boa. Vivendi, ça restait à nos yeux un nom abstrait, une simple coquille financière. Or elle contient, en réalité, une bonne part du patrimoine culturel national, des pans entiers de notre mémoire collective. Le Routard ! Les Livres pour les nuls ! Larousse ! On se croirait dans une brocante, le vide-grenier de la France… On a passé notre enfance, notre vie avec ces noms. Pour un peu, on aurait cru qu'ils nous appartenaient, comme l'eau qui nous désaltère, comme l'air que nous respirons. Or ils sont tombés, sans qu'on y prenne garde, entre les mains d'un maquignon, un équarisseur de chevaux de bois…

1. Ceci est un résumé. J'ai cru bon de vous épargner l'inventaire entier, quatre à cinq fois plus long. Il apparaît dans la vidéo de l'audition de M. Bolloré au Sénat, disponible en visionnage sur le site Internet du Sénat.

XV
Oh hisse, les saucisses !

Nathalie annonce aux élus que la garden-party annuelle de Prisma Media, un temps menacée pour cause d'économies, aura bien lieu, à la fin juin. Ce n'était pas gagné, souligne-t-elle, les financiers de Vivendi auraient pu s'y opposer.

Ils sont trop bons, maugréons-nous.

Vous n'êtes jamais contents ! s'indigne-t-elle.

Nous ne croyons plus vraiment à notre colère, ni elle à ses protestations. La fatigue nous engourdit, émousse nos réactions. Tout nous semble avoir été joué et rejoué sous le ciel de Gennevilliers. Alors Max nous secoue. Quelques jours avant la fameuse garden-party, il écrit un mail à Nathalie pour lui demander, benoîtement, si les agents de Localia y sont conviés.

Ces trois employés, Teddy B., Lise F. et Maurice J., dit Momo, sont chargés de nous distribuer, chaque jour, le courrier. Jadis, ils exécutaient ce travail au sein même de Prisma Media dont ils étaient salariés, en CDD. À la fin de leur contrat, au lieu de leur proposer un CDI, l'entreprise a eu l'idée de les orienter vers une petite société nommée Localia. Ils allaient faire le même boulot, leur a-t-on expliqué, mais sous la coupe de celle-ci, mandatée et rétribuée par Prisma. Pratiquement, donc, rien n'a changé pour Teddy, Lise et Momo. Ils continuent à nous apporter sur leurs gros chariots, d'étage en étage, de rédaction en rédaction, nos lettres et autres colis. Dans l'opération, ils ont juste changé de patron, Localia remplaçant Prisma Media. Ah oui, ils ont aussi changé de contrat de travail, avec moins d'avantages sociaux, notamment de congés… On appelle ce tour de passe-passe une « externalisation », c'est très à la mode dans les grosses boîtes. On transforme ainsi les salariés en prestataires extérieurs. C'est tout bénef car on délocalise aussi leurs maudites revendications. Vous n'êtes pas contents ? Adressez-vous à Localia, ça ne nous regarde plus ! Enfin en même temps, on ne vous le conseille pas, car dans une petite boîte de ce genre, on ne moufte pas. Ici Localia, bonjour ! Ah oui, tu veux des RTT ? Tu te crois encore chez Prisma ? Allez, empile les colis et n'y pense plus, tu te fais du mal.

« Ça va bien, Jean-Marie ? Tiens, t'as reçu des bouquins, aujourd'hui ! » me dit Teddy, d'une voix douce, en posant trois paquets craft sur mon bureau. Je détache les yeux de mon ordinateur et le salue de la tête.

Teddy est le plus âgé des trois agents de Localia. Pendant sa tournée, il ne perd jamais le sourire. C'est sa signature. Quand il a formé ses deux jeunes collègues, Lise et Momo, il leur a transmis ses bonnes manières. Voilà pourquoi nous sommes toujours heureux de recevoir notre courrier. Une seconde, invariablement, Teddy, Lise et Momo nous arrachent à nos soucis, comme de petits rayons de soleil ambulants…

Ils ont conservé cette allure avenante malgré la pirouette sociale qu'a effectuée Prisma avec eux. En fait, mais les top managers et les financiers auraient sans doute bien du mal à le comprendre, Teddy et les siens sont au-dessus de ça. Ils sont d'une sérénité inaltérable. Ils sont riches de leur entrain.

Max a donc demandé qu'ils soient invités à la garden-party, pour voir, comme on dit au poker. Normalement, ils n'y ont pas droit, car c'est un avantage réservé aux salariés de la maison, un de plus… Mais comment pourrions-nous accepter que ces camarades, que nous côtoyons chaque jour, soient traités une nouvelle fois comme des parias, des travailleurs de seconde zone ?

Max attend la réponse. La direction s'entortille dans son silence. Alors il prend les devants. Pas de nouvelle, bonne nouvelle ! écrit-il gaiement à Nathalie. Puisqu'elle se tait, interprète-t-il, c'est que les employés sont bel et bien invités ! Il n'en doutait pas : nos camarades de Localia ne concourent-ils pas, malgré le statut qui est désormais le leur, à la bonne marche de l'entreprise ? Et puis, n'a-t-on pas été heureux de pouvoir compter sur eux, aux heures sombres de la Covid, quand ils venaient sur le site, au péril de leur santé, pour trier notre courrier ?

Évidemment, Max n'est pas dupe. Quelques jours passent encore. Nathalie aime agir à contretemps, pour ne jamais sembler obéir. Enfin, elle lui répond que les prestataires extérieurs ne peuvent être conviés à la garden-party. C'est comme ça. Elle est sincèrement désolée, etc. Teddy et ses deux collègues en sont bientôt informés et encaissent cette énième vexation avec le sourire…

Je prends le relais de Max et écris en substance à Nathalie que Prisma Media est décidément devenue une entreprise bien mesquine. Je lui dis, et c'est vrai, que j'ai honte quand je croise les agents de Localia dans l'ascenseur. Quelques jours plus tard, en me tendant mes lettres quotidiennes, Teddy se penche par-dessus mon bureau, pour me murmurer : « On a lu ton mail à la direction, et on tenait à te remercier. » Il ajoute qu'à la suite de ma protestation un adjoint de Nathalie leur a fait savoir que, finalement, ils pourraient venir à la réception, mais discrètement, sans faire de vagues.

– Ah ! Tant mieux ! approuvé-je naïvement. On sera vraiment content de vous voir et de trinquer avec v…

Teddy secoue la tête. Je n'ai pas compris.

– Pas question ! On n'ira pas, à leur fête. Ils peuvent se la garder, leur garden !

Il m'adresse un clin d'œil et repart en poussant son chariot.

À *Ça m'intéresse*, tout le monde se demande ce que devient Enzo. Depuis quelques jours, il a disparu et son bureau est fermé à clef. Des bruits courent, son assistante raconte qu'elle l'a vu faire ses cartons, un soir, alors que tout le monde était parti… Des collègues du journal m'interrogent – mais je n'ai pas le droit de parler, même si je sais qu'il a été viré. La direction et Enzo lui-même m'ont intimé l'ordre de garder le silence.

Un mardi matin, Nathalie réunit l'équipe par visioconférence.

– Je suis heureuse de vous présenter votre nouveau rédacteur en chef, Louis S., lance-t-elle tout de go, avec entrain. Vous avez de la chance, c'est un journaliste expérimenté et brillant. Certains de vous le connaissent déjà ! Il a commencé sa carrière chez Prisma, voici de nombreuses années. Puis, tel l'enfant prodigue, il s'est envolé pour…

Cherchez l'erreur. Nathalie nous parle comme si le cas d'Enzo s'était réglé de lui-même. Comme si la rédaction avait loupé un épisode, celui de son éviction – un épisode que je suis seul, en son sein, à avoir vu jouer… Une seconde de stupeur envahit les écrans, puis la colère en jaillit, brouillonne, telle une écume sonore.

– Pardon ?! grésille une voix.

– Honte sur vous ! s'enflamme une autre.

Je suis ému, je craignais que mes camarades se résignent et courbent la tête, mais ce sont des lions ! Nathalie poursuit son monologue, impassible.

– ... il s'est envolé pour un magazine de santé. Il s'y est vite fait remarquer. Aujourd'hui, il revient chez nous et nous en sommes...

– Mais enfin, et Enzo ? s'indigne une collègue. C'est inimaginable ! C'est quoi ces méthodes !

– ... nous en sommes ravis !

Soudain, notre supérieure se tait. Le silence gonfle. Bravache, elle lance :

– Eh bien oui, ça me semble clair. M. Enzo K. a quitté l'entreprise ! Qu'est-ce que vous voulez que je vous dise de plus ?

Une voix s'élève posément, au fond des ordinateurs :

– Nathalie, vous savez très bien ce que vous devriez dire dans de telles circonstances. Annoncez-nous d'abord qu'Enzo et la société ont décidé de cesser leur collaboration. Puis rappelez-nous, en quelques phrases, les principales étapes de sa longue carrière chez Prisma. Souhaitez-lui bonne chance pour la suite. Et après, *seulement après*, vous nous présenterez son successeur. Voilà comment les choses se déroulent habituellement chez Prisma et dans tous les groupes civilisés.

Je reconnais ce timbre rauque, ce ton courtois et moqueur. La cigale défie la fourmi et lui réclame des comptes, ah, ah, ah ! Édith repart au combat !

Nathalie sourit, faisant mine de ne pas comprendre.

– Je vais vous aider, Nathalie, reprend posément Édith. Répétez après moi : « Enzo a fait un excellent travail et nous regrettons sincèrement de le voir partir »…

– Oui, oui, Enzo… bredouille Nathalie, un peu comme une enfant rappelée aux bonnes manières. Il a…

Soudain, elle secoue la tête et se tait, nuque raide, lèvres serrées. Il ne faut pas qu'un seul mot sorte de sa bouche, elle n'a pas le droit de parler. Le châtiment d'Enzo doit être exemplaire. On l'a décidé en haut lieu. Contrairement à la coutume, il n'y aura pas de compliment à son égard. Il est condamné à l'oubli. *Damnatio memoriae*.

– Je vous conseille de faire un très bon accueil à Louis, conclut Nathalie. J'y veillerai personnellement.

Pas de souci, on sait recevoir, à *Ça m'intéresse*. Dans les jours qui suivent, la rédaction vote – et distribue à la presse – une motion de défiance contre son nouveau rédacteur en chef et contre Suzanne T., la supérieure d'Enzo qui a participé à son renvoi. Pour un bon accueil, c'est un bon accueil. Tandis que nous buvons un café dans la cour, Max, mémoire de toutes les luttes, me signale le doigt levé, solennel, que c'est la première motion de défiance de toute l'histoire de Prisma !

Chaque semaine, chaque jour apporte son lot de démissions. À *Capital*, le rédacteur en chef, en poste depuis une petite quinzaine d'années, annonce son départ. À *National Geographic France* – version hexagonale du célèbre magazine américain, dont Prisma possède la licence –, son homologue en fait de même. On lui trouve un remplaçant… qui démissionne à son tour ! Tant mieux, analysent les financiers, ça doit être un signe du destin :

on se passera de rédacteur en chef à *National Geographic*. Allez hop, un gros salaire de moins !

La fatigue me joue des tours. Le Boa me hante. Il étouffe mes pensées. Un jour, alors que je tente de terminer un article sur des larves luminescentes qui peuplent les grottes néo-zélandaises, je rêvasse en contemplant la cour, par la vitre. Soudain, je vois des corbeaux se poser furtivement sur le macadam. Et j'imagine que leurs ailes sont des costumes gris. Ce sont les financiers de chez Vivendi ! Ils se dandinent sur leurs pattes, puis s'envolent en tourbillon, la tête tournée vers les vitres. Leurs petits yeux acérés fouillent les bureaux, à la recherche de chaque dépense superflue…

Une autre fois – en écrivant à la hâte un sujet sur l'acoustique des salles de concert –, j'entends un grincement sinistre dans ma tête. On dirait une plainte rouillée, un couinement métallique. Un nom surgit dans mes pensées, tel un talisman : « Les poulies bretonnes » ! Ce terme abstrait cacherait-il une réalité tangible ?

Les poulies bretonnes sont un stratagème financier inventé par Antoine Bernheim, le banquier génial qui a formé Vincent Bolloré. Il s'agit d'un système de holdings en cascade permettant de démultiplier une mise de fonds réduite. Donne-moi dix centimes et je dirigerai la Terre, car sur la tranche striée de ma pièce viendront s'articuler des fortunes, confiées par les actionnaires et graissées par la sueur des travailleurs. C'est ce que les initiés appellent le « capitalisme sans capital », l'ultime métamorphose de l'argent, son ascèse finale. Rappelez-vous l'enfance de Bolloré… Tout a commencé par un petit manège de bois dont notre futur milliardaire calculait les bénéfices quotidiens, au son d'un orgue de Barbarie. J'aime imaginer que toutes les entreprises de son empire sont venues s'accrocher, par un jeu d'engrenages, à ce manège initial. La banque Rivaud, les ports africains, Havas… Oui, cela forme un gigantesque assemblage de roues, un orchestre philharmonique de poulies bretonnes!

Je crois entendre, en pianotant sur mon clavier d'ordinateur, les cliquetis de cette machinerie se répercuter jusque dans les articulations de mes phalanges. Je suis un minuscule rouage de l'empire Bolloré…

En revanche, Antoine Bernheim en est tombé. Normal: plus on est proche du centre, sur ce manège-là, plus on est soumis aux jeux de bascule. En 2010, à quatre-vingt-cinq ans, au terme de sa carrière, le vieux condottiere a perdu le dernier mandat qui lui restait, la direction des assurances Generali. Dans une interview au journal *Capital* en 2011, il a désigné le coupable – du moins à ses yeux: « C'est lui [*NDA*: Bolloré] qui a suggéré à l'actionnaire de référence Mediobanca, dont il est un administrateur influent, que j'étais trop âgé pour conserver la présidence de Generali. » Cela n'a peut-être pas étonné le vieux banquier, qui a confié à son biographe Pierre de Gasquet son amère devise: « La reconnaissance est la seule maladie du chien non transmissible à l'homme[1]. » Il est mort en juin 2012.

27 juin. La garden-party se prépare. Des tentes blanches sont dressées dans la cour. Une pluie grise dégouline dessus. Planté dans un coin, Max tire sur une cigarette, cherchant sans doute une leçon à ce spectacle. Aux deux bouts de la galerie de béton qui longe les baies vitrées de la cafétéria, je découvre des stands siglés « Monsieur Saucisse », avec d'appétissantes francforts rouges peintes sur leurs enseignes. La direction a confié à une

1. *Antoine Bernheim. Le parrain du capitalisme français*, Grasset, 2011.

start-up du même nom le soin de nous restaurer. Chic, j'adore les hot-dogs !

À l'intérieur de la cafétéria, de longues tables sont dressées, recouvertes de nappes blanches et ornées de dizaines de petits ramequins de crudités et de bouteilles de champagne, de vin rosé et de jus de fruits. Il y a aussi des tonneaux de bière, à servir à la pression, et des bouteilles de soda à volonté. C'est à peu près tout. La direction a mis les petits plats dans les petits. Non que Prisma soit fauché, mais il ne sait plus dépenser. Il a la fortune constipée. Voici une dizaine d'années encore, à l'occasion de ses fêtes, il conviait des invités prestigieux. Pour la frime ! Une fois, la rockeuse galloise Bonnie Tyler avait interprété ses plus fameux tubes, dont son immortel « It's a Heartache », rien que pour les salariés de l'entreprise ! Une autre, une jeune animatrice talentueuse de la télévision, Virginie Efira en personne, dirigeait les festivités. Souvenirs, souvenirs… C'est bien fini. Désormais, le moment musical de la garden-party est assuré par les salariés eux-mêmes : ceux qui ont un talent caché sont invités à se produire pour leurs camarades. Au risque de quelques couacs, bien sûr, mais gratos.

Ce soir-là, vers 19 h 30, la fête commence. Carina monte sur l'estrade, dressée au fond de la cafétéria, et inaugure les festivités. « Mes chers amis ! » ose-t-elle timidement, le front penché. Son visage est à moitié caché derrière sa chevelure rousse, qui glisse le long de sa joue. Jupe verte, chemisier de soie beige, boots crème… Toujours ses sempiternels ton sur ton. Quelques dizaines de salariés sont éparpillés dans la salle, devant elle, et ne l'écoutent même pas. D'ailleurs elle parle à voix basse, comme pour ne pas déranger leurs conversations. « Nous allons essayer de nous amuser, murmure-t-elle avec un sourire contrit, même si le contexte économique ne s'y prête guère. » Sacrée Carina, toujours le mot pour rire… Elle pose ses doigts sur le micro et va poursuivre son laïus, lorsqu'un craquement lugubre résonne dans les enceintes, puis un sifflement strident. Peut-être le micro a-t-il eu peur qu'elle le coupe, par mesure d'économie ! Les convives se bouchent les oreilles et lancent des regards courroucés à Carina. Apeurée, elle retire ses doigts et se tait. Nathalie la rejoint d'un bond sur l'estrade et détache le micro du trépied.

« Prisma est la maison de tous les talents et elle va encore le montrer ce soir ! » s'écrie-t-elle avec l'entrain d'une meneuse de revue. Sa voix chaude emplit les enceintes. Elle porte des bottes et un pantalon de cuir noir, un gilet blanc, une chemise satinée et ses yeux brillent, bref, elle a pris son rôle au sérieux ! Des applaudissements fusent, maigres mais sincères.

Nathalie se penche vers un grand échalas en jean et pull, caché dans l'ombre, au bord de la scène. À grands moulinets de bras, elle l'invite à la rejoindre. « Vous connaissez tous Stéphane, applaudissez-le pour lui donner du courage ! » Stéphane P. est rédacteur en chef dans un journal d'économie du groupe, et il taquine la guitare à ses moments perdus. Désormais, il aura le temps de se perfectionner : il a pris sa clause de cession et finira son préavis dans quelques jours. Il est là sans plus y être, d'où son regard un peu absent. Il s'installe sur un tabouret, le visage timidement penché sur son instrument, et soudain ses doigts courent sur les cordes. Les accords envahissent les enceintes. D'une voix rauque, les yeux mi-clos, mélancoliques, il entonne une ballade de Bob Dylan, « Knockin' on Heaven's Door ». C'est une histoire de shérif qui n'a plus la force de faire son boulot. Il ne veut plus se battre en duel, il rend son revolver.

It's getting dark, too dark to see
I feel I'm knockin' on heaven's door…
I can't shoot them anymore…

Stéphane déroule sa mélopée triste, au milieu d'un silence où crépitent rires et exclamations. Certains convives se sont tus pour l'écouter et, bras ballants, gardent les yeux rivés sur l'estrade, tandis que d'autres continuent à boire et à discuter gaiement. D'un côté, les vieux cow-boys du journalisme à l'ancienne, celui des magazines en papier, dont notre direction aime – depuis dix ans – à prédire la mort imminente. Ils ont pris leur clause de cession ou s'apprêtent à le faire – et comme la chanson de Stéphane leur parle ! Elle raconte leur vie. De l'autre, ceux qui restent, soit parce qu'ils rêvent de tirer leur épingle du jeu, dans le Far-West de Bolloré, soit parce qu'ils n'ont pas le choix, il faut bien gagner son T-bone steak.

Je sors sur la terrasse. Le nouveau Prisma Media prend corps sous mes yeux. Quatre jeunes gens jouent de bon cœur autour d'une table de ping-pong. Un peu plus loin, d'autres maltraitent un baby-foot. Ces recrues de fraîche date, appelées à prendre la place des anciens, produisent le journalisme digital dont Bill rêvait. Ces petites mains ont été embauchées pour écrire dans les versions numériques de nos titres, femmeactuelle.fr, geo.fr, caminteresse.fr, etc. Enfin « embauchées », c'est vite dit… Certains sont en stage non rémunéré. D'autres, en stage aussi, mais de plus longue durée, touchent une maigre rétribution, le minimum prévu par la loi, environ 600 euros par mois. D'autres encore ont signé un CDD de quelques semaines ou quelques mois, enfin les plus chanceux ont décroché le Graal, un CDI…

Leur boulot: écrire des dizaines d'articles par jour pour alimenter les sites Internet de Prisma. Ils explorent des sujets passionnants, du genre: « Voulez-vous découvrir la nouvelle petite amie de tel grand acteur? » Ou: « Voici le chien qui a été élu le plus moche du monde! » Ou encore: « Quel est ce footballeur qui chausse du 52? » L'idée est qu'il faut toucher le plus grand nombre de visiteurs, et qui dit plus grand nombre dit une foule d'imbéciles – du moins, c'est ce que décrète l'algorithme de Google. Selon ses savants calculs, seuls les sujets stupides ratissent large.

En découvrant ces titres si attirants, les internautes, émoustillés, appuient sur la souris de leur ordinateur – « clic » – pour lire la suite, d'où le surnom gracieux qu'on donne à ce genre d'article, dans le métier: des « putes à clic ». Plus les internautes seront nombreux à accéder au contenu du site, plus les annonceurs publicitaires paieront cher les bannières à la gloire des bagnoles ou des sites de rencontre présentes dans leurs marges.

Entrez, entrez, messieurs-dames, venez découvrir l'avenir du journalisme! Les magazines en papier pour lesquels nous travaillions, et qui ont fait la fortune de Prisma, étaient payants. Les informations qu'on y trouvait étaient le fruit – presque au sens propre – d'un travail patient et convenablement rémunéré. Désormais, sur Internet tout est gratuit, rien ne vaut rien, ni pour les « salariés », qui perçoivent des miettes de revenus, ni pour le lecteur, dont le regard mâchouille pour pas un rond des nouvelles insipides, surgelées. Seule richesse produite: la monnaie de singe publicitaire, qui tombe en bout de course. On peut toujours réintroduire de la valeur dans ce triste jeu mais pour le coup, ça coûte très cher. Une jeune copine, quelques mois après avoir décroché un CDI à geo.fr (un exploit!), en a démissionné, car on lui demandait d'écrire sur une pomme de terre géante découverte en Nouvelle-Zélande… Elle était entrée à *Géo* avec des rêves d'antan. Vous vous souvenez ? « Montrer le pays derrière la plage. »

Je fais la queue, dans la cour, pour accéder à l'un des deux petits stands de fast-food. Curieusement, personne n'avance devant moi. La file ne bouge pas d'un pouce, mais nul ne s'impatiente. Je me sens prisonnier d'un mauvais rêve, des rires résonnent autour de mes tempes. J'ai l'impression que je pourrais attendre des heures sans goûter ces succulents sandwichs dont je rêve depuis l'après-midi. Peut-être sont-ils des mirages, peut-être n'y a-t-il rien à manger à l'arrivée ? Le « capitalisme sans capital »… On pourrait décliner le concept. L'argent sans valeur. Les journaux sans journalistes. Les garden-partys sans attraction. Les hot-dogs sans saucisse.

Je quitte enfin la file aux charcuteries mensongères, aux chipolatas à clic.

Dans un recoin de la cour, à l'écart, je surprends Max qui parle avec une assistante de Nathalie. Son grand corps maigre est penché en avant, il ressasse ses arguments, baissant puis levant les bras, comme pour faire remonter la houle qui bouillonne dans son ventre. « Mais enfin, dit-il, les yeux brillants de colère, vous ne voyez pas que ce groupe est en train de s'écrouler ? On ne sait plus qui y travaille, on ne sait plus qui le dirige. Il n'y a plus ni vision ni stratégie, c'est irréel ! » Il crie sur sa jeune interlocutrice, comme pour la réveiller, mais elle le toise avec un sourire narquois. Elle cherche le mur de la main, au fond de l'ombre, mais ne le trouve pas. Elle tangue, titube, son pied se tend, cherchant le sol. Elle a un coup de rosé dans le nez. « Vous verrez, crâne-t-elle soudain, vous verrez s'il n'y a pas de stratégie ! » Cette jeune ambitieuse aime à croire qu'elle est dans le secret des top managers. Baissant d'un ton, façon Borgia, elle ajoute : « Une fois l'épisode des clauses de cession réglé, d'ici un an, deux au maximum… » Elle fait un geste circulaire du bras. « … On rachète tout ! »

Max la titille :

« Tout quoi ? le groupe Bayard ? Le groupe Reworld ? Vivendi veut racheter toute la presse magazine, c'est ça, sa stratégie ? »

La jeune conspiratrice fronce les sourcils. Elle n'a, à l'évidence, qu'une connaissance approximative des détails. Sans doute répète-t-elle hâtivement un mantra délivré par notre Nathalie nationale. « Tout ! s'obstine-t-elle, les yeux ronds. Vivendi rachètera tout ! »

De nouveau elle balaye l'espace du bras, devant elle, dessinant sans le vouloir une drôle de métaphore. Vivendi rachètera tout… mais un tout plein de rien ! Suivant son geste des yeux, je m'aperçois que les invités sont déjà partis. La cour est vide. Le baby-foot est désœuvré, la table de ping-pong gît dans l'ombre, avec les raquettes abandonnées dessus. Derrière les vitres de la cafétéria, trois retardataires se disputent les derniers ramequins de crudités, sur la table maculée de vin.

XVI
Dans la fumée des OCB

Juillet, août… Les mois d'été passent. Les couloirs sont triplement vides. Certains salariés sont en vacances, certains en télétravail, d'autres ont quitté l'entreprise.

Devant le seuil de leurs bureaux, de grandes poubelles vertes attendent, leur couvercle de plastique marron renversé, gueule béante. Munis de gants de caoutchouc, protocole sanitaire oblige, les agents de l'entretien y jetteront les affaires abandonnées par les démissionnaires – photos de famille, mugs ornés de cœurs, toute la brocante sentimentale qu'ils ont accumulée au fil des ans dans leur petit nid professionnel…

Ce matin, il fait beau : le soleil traverse toutes ces pièces abandonnées, faisant danser leur poussière. Par les portes ouvertes, ses rayons s'enfoncent jusque dans le couloir, le perçant de lances d'or ! J'y déambule, émerveillé, retenant mes pas comme dans une cathédrale…

Je passe devant le bureau d'Édith. Cette chère camarade a fini par s'évader. Je regarde à l'intérieur. Le silence est encore creusé de ses rires, de ses éclats de voix. Un poster de Virginia Woolf, accroché au mur, veille derrière sa chaise. Des Post-it jaunes tapissent sa table – tâches urgentes qui attendront une éternité, pense-bêtes tombés en poussière. Surtout ne pas oublier ceci, ni cela…

Un jour, voici deux à trois semaines, elle a surgi de cette pièce et, tombant sur moi, m'a dit dans un souffle qu'elle allait reprendre un cursus universitaire. Boum-boum-boum, son cœur battait sourdement, comprimé sous son blouson de skaï. Elle venait de se réveiller, la vie l'emportait ! Nous avons échangé un sourire et elle s'est penchée pour me faire la bise, déjà partie dans ses pensées…

Depuis quelque temps, les salariés qui, comme elle, prennent la tangente ou s'apprêtent à le faire rêvent tout haut. On entend leurs monologues intérieurs s'insinuer entre les conversations de travail. Plus celles-ci sont pressantes, anxieuses, plus les rêveries qui les interrompent se font insouciantes, comme des trilles de moineaux au milieu des marteaux-piqueurs.

– Où en est-on, du sujet sur le fonctionnement des cordes vocales ? s'agace un rédacteur en chef. Il faut absolument qu'il soit bouclé mercredi. Bon sang, on est très en retard !

– Je m'en occupe… Tu sais, une fois parti, je vais me remettre au chant ! Enfant, je rêvais de faire de l'opéra… La, la, la !

Un autre lève la tête de son ordinateur et renchérit, racontant sa future formation de mécanicien, tandis qu'une troisième évalue ses chances d'obtenir un crédit pour ouvrir un restaurant. Tous les rêves sont permis, pour échapper à la bouillie laborieuse de Gennevilliers.

Celle-ci est de plus en plus grumeleuse. Elle va finir par nous figer, comme des croûtons. On teste divers expédients pour pallier les réductions d'effectifs. Par exemple, il y a un truc qui, comme la crise de la presse, ne date pas d'hier et qu'on appelle la « repasse ». Il s'agit de glisser dans les nouveaux magazines, au milieu des articles frais, d'autres déjà publiés voici quelques années. Bah, où est le mal ? Il suffit de croiser les doigts, en priant pour que le client ne les remarque pas. Zut, ne fronce-t-il pas le sourcil devant ce petit sujet sur les secrets de fabrication du champagne ? Et pour cause, il est éventé, il l'a déjà lu, tel quel, dans un numéro précédent, paru en 2018… La « repasse » constitue encore, en cette fin d'été 2022, une pratique limitée, mais nul doute que 2023 la fasse prospérer. Elle est tellement tentante – comme un produit dopant, une drogue. Elle épargne, ni vu ni connu, des journées de travail.

Et puis tant qu'on y est, pourquoi ne pas réaliser des numéros entiers avec de la repasse ? Ça s'est déjà fait ! Je me rappelle un hors-série sur les chats, paru vers 2013. Il avait tellement bien marché, à l'époque, s'écoulant à plus de cent mille exemplaires, qu'un brillant manager a eu l'idée de le republier presque tel quel, en 2016. On a seulement changé la couverture, un siamois pour un persan, je crois, mais sans prévenir qu'il s'agissait d'une réédition, ou en caractères minuscules. Le pire est que seuls quelques lecteurs nous ont écrit, pour dénoncer cette indélicatesse. Alors pourquoi se gêner ?

Ainsi, on se plagie soi-même – mais on peut aussi s'inspirer copieusement des confrères, c'est un autre expédient de la presse en déroute. Une amie, qui faisait un remplacement sur un site Internet d'information (concurrent de ceux de Vivendi), m'a raconté qu'elle devait écrire plus de dix sujets par jour – payés des clopinettes. À ce rythme et ce tarif-là, le journaliste n'a qu'une seule solution – et son manager le sait bien : le « copier-coller ». Il attrape (« copier »), dans un article de référence fourni par une agence de presse à tous les journaux, une dizaine de lignes sur le thème qu'il est en train de traiter, et les insère (« coller ») au milieu de phrases originales qu'il a rédigées. Et hop, voilà un article vite bouclé. Cette fabrication à la chaîne se pratique dans une bonne partie de la presse Internet. Voilà pourquoi bien des sujets, sur le web, ont un air de famille, et même de sosies, jusque dans leur formulation : ils coulent de la même source – je dirais plutôt du même robinet…

Cette amie, cependant, mettait un point d'honneur à écrire au moins les premières lignes de ses papiers, sans les copier-coller. C'était sa touche personnelle, elle y tenait, dût-elle finir ses journées bien tard ! Un jour, son supérieur la prend à part et lui dit : « Ils sont très bien, tes articles, mais pourquoi tu n'y mets pas un peu plus de… » Elle rougit. Va-t-il lui suggérer d'augmenter sa part de production originale et de réduire ses emprunts aux textes d'agence ? Oh, elle ne demande rien d'autre ! Si seulement il lui commandait huit articles par jour et non dix, elle pourrait les écrire entièrement, ou presque ! Tout excitée par cette perspective, elle se prépare à argumenter… mais le manager la détrompe net. « Pourquoi tu ne mets pas un peu plus de copier-coller ? lui demande-t-il tranquillement. Tu perdrais moins de temps… Tu sais, le lecteur ne voit même pas la différence… » Et il pose une main sur la sienne, exerçant d'un doigt expert une petite pression paternaliste sur son poignet.

À force d'économies, la presse s'effondre… Sur le mur du couloir, au quatrième étage du building C de Gennevilliers, je remarque une bande dessinée humoristique scotchée au mur par quelque salarié anonyme. Sur la première image, on voit trois ouvriers portant, au-dessus de leur tête, une énorme dalle de pierre. Un homme, qu'on devine être leur patron (il fume un cigare), surgit et congédie l'un d'eux. « Dehors ! » lui lance-t-il. Le manœuvre déguerpit. Sur l'image suivante, ils ne sont plus que deux à tenir la dalle. Leurs bras tremblent... Le patron, impassible, en désigne un du doigt : « Dehors ! » Un malheureux ouvrier reste donc seul à supporter l'énorme bloc et ce qui devait arriver arrive : il lâche prise, la pierre lui tombe dessus et l'écrabouille. Le patron se penche alors au-dessus de son corps, broyé dans une flaque de sang, et l'interpelle avec mépris : « Incompétent ! » Je ris en lisant cette fable, au fond du couloir désert.

On finira tous écrabouillés. Un matin, avant de prendre le métro, je rêvasse sur une avenue et, imprudemment, je descends du trottoir pour m'engager sur la chaussée, quand un hurlement de klaxon me rejette en arrière. Un autobus m'a frôlé, fonçant à toute allure ! Je le regarde passer et, sur sa paroi, découvre une énorme publicité pour un livre : *Dieu, la science, les preuves*. Le bouquin du frère de Bolloré, le nouveau Blaise Pascal, a failli me rouler dessus !

Un autre jour, je dîne avec des amis. Mon voisin de table, un convive qui m'est inconnu, m'apprend au fil du repas qu'il travaille chez Vivendi. Tiens, tiens. Il est secrétaire du CSE dans une de ses filiales, poursuit-il. Tiens, tiens, tiens... Je me recule un peu pour admirer mon double. L'inconnu me sourit et me raconte bientôt une histoire drôle. Le héros en est un des bras droits de Vincent Bolloré, vraiment un de ses proches, un tip-top manager, plus particulièrement chargé des grandes maisons d'édition du groupe. On l'a mis là parce que c'est son truc, les bouquins, il n'arrête pas de le répéter. Ce jour-là, il dirige une réunion avec les syndicats de l'entreprise. L'un des participants est en retard. Alors, pour faire profiter les autres de sa culture, notre super-manager lance d'un air docte : « On attend, on attend… En attendant Godot, comme disait Brecht ! » Un participant sursaute et ouvre la bouche pour rectifier, puis se ravise, découragé.

Bah, c'est un peu pareil, tout ça.

Octobre 2022… Ma décision est prise. Je vais bientôt poser ma clause de cession et quitter l'entreprise – sans avoir vraiment percé l'énigme Bolloré, le mystère de son sourire, malgré tous mes efforts.

Un matin, tandis que j'arrive à Gennevilliers, le ciel m'envoie un signe. Ou peut-être m'est-il adressé par un salarié, qui veut me seconder dans mon enquête clandestine ? Ce n'est pas François V., en tout cas : comme Édith, il est déjà loin. La clause m'arrache tous mes personnages, franchement ce n'est pas très pratique. Bref, ce jour-là je remarque devant la barrière de l'entrée un petit étui de carton blanc, traînant sur le bitume. Je me penche et déchiffre trois lettres majuscules écrites dessus… Oh ! ma jeunesse me saisit, littéralement, à la gorge. Des picotements me traversent le larynx et je tousse en étouffant un rire…

OCB, le papier à cigarettes de mes années lycée ! Et quand je dis cigarettes, hum, je me comprends. Je me penche et attrape la pochette sur le bitume. Elle est intacte, presque neuve. Quelqu'un l'a perdue, ou jetée, pour arrêter de fumer. Sous le petit rabat, les fragiles feuilles, façon papier bible, sont astucieusement imbriquées, de façon à pouvoir se libérer une à une quand on tire dessus. Je me souviens… Caché avec un ami, Christophe, dans sa chambre de bonne, j'en détachais délicatement trois, puis en humectant de la langue leur bord adhésif, je les collais ensemble – d'abord deux côte à côte puis la troisième à leur extrémité. Enfin, à l'intérieur de cet assemblage triangulaire, je disposais un monticule de tabac, parsemé de quelques miettes de haschich ou de marijuana, selon arrivage – et je roulais l'ensemble pour former un joint. Après, je craquais une allumette et la fumée emportait tout sur son passage. C'était vers 1976. Sans m'en douter, je me droguais au Bolloré. Bien avant d'être le salarié de Vincent, j'étais déjà son client, son obligé, ou plutôt celui de sa famille, car il n'était pas encore aux affaires.

Un rayon de soleil perce les nuages et forme une traînée étincelante sur le bitume, tout au long de l'avenue déserte. Elle court depuis la station de métro, à l'horizon, jusqu'au bout de mes chaussures, sous mon nez. Je suis seul, au pied de l'immeuble aux vitres noires, énigmatiques, sur lesquelles flottent les reflets des nuages. D'un geste fétichiste, je frotte l'étui de carton entre mes doigts, contre mon oreille. Les feuilles, à l'intérieur, me chuchotent : « Souviens-toi ! »

Me voilà transporté dans mon passé, encore plus loin que l'adolescence. Je suis un petit enfant trottant à travers les rues d'Auteuil. Et soudain je sursaute. J'imagine une silhouette marchant aux alentours. Mais oui, *Vincent Bolloré vivait là*, à deux pas ! J'ai lu et relu cette information dans plusieurs articles, sans jamais m'arrêter dessus. C'est la première fois que j'en prends réellement conscience : nous habitions le même quartier, le Boa et moi, nous étions voisins. Sans doute nous sommes-nous croisés à de nombreuses reprises, avenue Mozart, chaussée de la Muette ou place du Trocadéro. Peut-être avons-nous assisté aux mêmes messes, dans les églises du coin, là où la jeunesse fortunée du XVIe apprenait la charité bien ordonnée.

Soudain, une lumière s'allume dans mon souvenir. Une vitrine étincelante exposant de succulentes friandises brille dans l'obscurité au fond des temps, voici plus d'une cinquantaine d'années ! C'est une petite boulangerie, rue François-Millet, où j'achetais de délicieux croissants avant d'aller en classe. Ce matin d'hiver, en 1968 ou 1969 peut-être, je sors de la boutique mon exquise viennoiserie à la main, quand je croise un jeune homme qui vient de déclencher le carillon de l'entrée, en poussant la porte. Je lève la tête : c'est un « grand », il a huit ans de plus que moi, il porte un loden vert, ou ce genre d'uniforme de gosse de riche. Derrière moi, je l'entends demander d'une voix assurée :

– Un financier, madame, s'il vous plaît !

Ah, ah, déjà le mot pour rire : pas de doute, c'est bien lui qui se cache dans ce souvenir ressuscité !

Le père de Vincent, Michel, possédait à cette époque un hôtel particulier en bordure du bois de Boulogne. Au fil des années 50 et 60, le tout-Paris s'y presse. Françoise Sagan et Bernard Buffet, Pompidou et Mitterrand comptent parmi les hôtes familiers.

En 1975, cependant – tandis que je fume à pleins poumons pas bien loin de là, rue La Fontaine, chez mon ami Christophe –, l'ambiance se tend dans la belle demeure des Bolloré. L'atmosphère s'assombrit, les chandelles ne brillent plus aux fenêtres. Le mondain Michel connaît des revers de fortune, l'entreprise perd près d'un million de francs par mois. À la suite de complexes jeux d'alliance, incluant un ami de la famille, Edmond de Rothschild, et les deux frères de Michel, Gwen et René, ce dernier est débarqué.

Avec l'assentiment de son clan, Vincent prendra quelques années plus tard la tête des papeteries Bolloré à la place de son père, après avoir fait ses armes dans la finance chez Rothschild.

C'est ainsi que commencera sa fortune. Cette cruelle révolution de palais est racontée dans *Portrait de l'homme d'affaires en prédateur*, de Catherine Vuillermot et Michel Villette, paru en 2005 aux éditions La Découverte. Les pages consacrées à Vincent Bolloré nous le présentent comme un fils de famille ayant profité de ses relations, plus que de ses études ou de son expertise, pour lancer sa carrière. L'ironie veut que les éditions La Découverte appartiennent aujourd'hui – en octobre 2022 – au groupe Editis et donc… à Vincent Bolloré lui-même. Le Boa a avalé, d'un appétit égal, cette maison et son petit essai hérissé d'épines…

Ça me rappelle un sketch humoristique très perspicace. En 2015, dans un épisode des « Guignols », sur Canal+, on voit la marionnette figurant le milliardaire – veste grise, cravate perle, cheveux blancs, yeux vides – qui s'esclaffe de posséder tant d'entreprises à travers le monde. Ah, ah, ah ! C'est marrant, non ? La figurine de latex raconte bientôt, à la manière d'une parabole, le cas de la chaîne de télévision Direct 8… En 2014, lui, Bolloré, l'a cédée à Vivendi. En échange, il a reçu 1,7 % des actions de ce groupe, puis il en a acquis de nouvelles, jusqu'à atteindre 5 %, devenant alors son actionnaire numéro 1… Finalement, il s'est retrouvé à la tête de Vivendi… et donc de Direct 8. « Ah, ah, ah ! conclut la marionnette, même quand je vends quelque chose, un jour ou l'autre, je n'y peux rien, ça m'appartient de nouveau ! »

Automne 2022

XVII
« J'accuse… ! » (de réception)

Ce samedi-là, un employé de la poste de Saint-Ouen me prend l'enveloppe des mains et la jette dans un casier où s'amasse le courrier en partance. Je regarde ma lettre, flottant sur des centaines d'autres, carrées, rectangulaires, blanches, bleu pâle… Bientôt, d'autres enveloppes tombent sur la mienne et la recouvrent. Une boule me pousse dans la gorge. J'ai envie de sauter par-dessus le guichet, de plonger ma main dans le casier et d'y repêcher la fatale missive, mais je ne bouge pas. Certains jours, quoi qu'on fasse, il est trop tard.

La lettre contient ma demande de clause de cession. « J'entends en bénéficier, en fonction de l'article L7112-5 du code du travail », ai-je recopié sur l'écran, reprenant un formulaire proposé par mon syndicat sur Internet. Il apparaît dans les premières réponses proposées par Google quand on effectue la recherche « Prisma

Media départ » – signe qu'il a déjà été consulté des centaines de fois.

Dans quelques jours, quand l'entreprise aura reçu mon recommandé, et moi mon accusé de réception, elle me répondra qu'il me reste à effectuer, à partir du 1er novembre, un mois de préavis, après lequel je ne ferai plus partie de ses effectifs. Nous sommes le 20 octobre, le compte à rebours commence. J-40.

Le week-end passe et le lundi, sitôt arrivé à Gennevilliers, je rejoins Max dans le minuscule local qu'alloue la direction à la CGT. Il est au téléphone. Cette fois, lui dis-je d'un air dramatique, c'est fait, j'ai envoyé ma clause. Je guette sa réaction. Il a une moue distraite, presque agacée et, sans cesser de parler, désigne le combiné du doigt pour me signifier qu'il est occupé. Je suis bien gentil, mais ça n'a rien d'étonnant, tout le monde savait que j'allais partir. La vie continue et les coups de fil aussi. Je me lève, il me fait un petit salut de la main et poursuit sa conversation. Il est accaparé, ces temps-ci, par les prochaines élections du personnel – celles où précisément il doit trouver d'autres candidats pour nous remplacer, moi et les autres élus en partance. Je m'éloigne, un peu déçu.

Une demi-heure plus tard, j'annonce de nouveau mon départ, cette fois en réunion de rédaction de *Ça m'intéresse*. J'ai préparé quelques mots convenus, pour expliquer que ça n'a pas été une décision facile. « Vous me manquerez », murmuré-je en promenant les yeux sur mes collègues de travail, autour de la grande table. Ils affichent des sourires de circonstance, mais ils ont, eux aussi, la tête ailleurs. Je me sens comme un passager du *Titanic*, déclarant solennellement, en plein naufrage, qu'il va se jeter à l'eau. On s'en fout et on a bien raison.

Cette rédaction a été un modèle d'unité, envié par les autres salariés de Prisma Media. Nous n'étions pas tous des amis mais un lien de solidarité, d'une intensité quasiment familiale, nous unissait. À la moindre injustice, l'un d'entre nous, alternativement, se dressait et les autres étaient bien obligés, quelle que fût leur fatigue, voire leur réflexe d'égoïsme, de l'imiter – tirés malgré eux par des fils invisibles. La motion de défiance que nous avons votée à l'encontre du nouveau rédacteur en chef et de sa supérieure a été l'ultime épisode de cette histoire collective. Puis, avec les départs pour clause de cession, des chaises se sont vidées autour de la table, et la chaîne s'est rompue. Trop d'absences à combler, trop d'espace à franchir, les visages ont cessé de se chercher du coin de l'œil, de se consulter, de se répondre. Chacun est resté seul, avec ses phrases dans la tête et ses révoltes au fond de l'estomac. Et voilà, ne demeurent plus aujourd'hui, dans la salle de réunion, que des individus clairsemés voguant sans direction, livrés au ressac du quotidien. Leurs huit ou dix corps sont tournés dans tous les sens, jambes allongées, oubliant de se faire face, autour de la grande table. Ce n'est plus une équipe mais une juxtaposition, un conglomérat de journalistes. Il n'y a plus à réfléchir, à échanger, il n'y a plus qu'à travailler, chacun dans son coin – et ça tombe bien, y a beaucoup de boulot !

Le même processus de décomposition, la même maladie sociale semble avoir frappé tous les médias, ou presque, dont Vivendi a pris les commandes : i-Télé, Canal+, Europe 1, *Paris Match*. Là-bas aussi, les rédactions se sont rebellées, dans des convulsions de lutte, de résistance, avec parfois des motions de défiance signées à une large majorité. Puis, peu à peu, à la faveur de plans de départs, des salariés sont partis, un, deux, cinq. À partir d'un certain seuil, presque mécaniquement, s'est échappée avec eux l'envie commune de se battre, de résister, de se souder.

Alors que j'égrène mon petit discours, célébrant la longue histoire de notre rédaction, les mots tombent de mes lèvres, frappés de putréfaction. Tout ce que je chante est mort et enterré.

– Merci, Jean-Marie, conclut, bon prince, le nouveau rédacteur en chef Louis S., qui a finalement bien survécu à sa motion de défiance…

– Oui, merci ! reprennent mécaniquement les autres, en sortant de la salle.

Cependant, une iconographe reste une seconde de plus avec moi. Elle me sourit, s'approche et me glisse *in extremis*, à l'ancienne :

– Toi aussi, tu vas nous manquer !

J-35

Le métro routinier m'emporte encore au bureau. Tandis que son roulis me berce, Internet, sur l'écran de mon téléphone, me met au parfum – faisant frémir mes narines aux derniers effluves de la vie Bolloré. Ainsi, aux éditions Le Robert, appartenant au groupe Editis et donc à Vivendi, l'humoriste Guillaume Meurice s'apprêtait à publier en septembre 2022, avec l'autrice Nathalie Gendrot, un livre d'aphorismes satiriques. Brusquement, à quelques jours de sa sortie, la directrice du Robert a annoncé, avec quelque gêne, que sa parution était suspendue, par peur d'un procès. Plusieurs saillies risquaient d'être jugés diffamatoires – dont l'une moquant le Boa en personne. C'est-à-dire, si l'on comprend bien le raisonnement, que ce dernier laissait planer la menace d'une attaque en justice contre une entreprise qui lui appartient !

Ce n'est pas si grave : ailleurs l'herbe est plus verte, l'air moins vicié. Meurice a trouvé un autre éditeur chez lequel son livre a été publié en mars 2023, intégralement, avec son verset sacrilège. Cet éditeur, Flammarion, est dirigé par Sophie de Closets, une jeune femme qui devrait le comprendre, car elle-même est une transfuge de Fayard, donc d'Hachette, donc du tentaculaire Vivendi – après son OPA sur ce groupe au printemps 2022. Meurice sera d'ailleurs en bonne compagnie : deux journalistes à succès, Fabrice Lhomme et Gérard Davet, une romancière best-seller, Virginie Grimaldi, qui a vendu 877 000 livres en 2021, ou encore l'écrivain Jacques Attali ont préféré quitter Fayard et ses nouveaux maîtres, et envisagent de rejoindre Sophie de Closets chez Flammarion.

J-33

Je marche jour après jour sur l'avenue, vers l'immeuble de Gennevilliers, mais je me sens comme un hamster courant dans sa roue. Sous mes pattes, le trottoir se dérobe, tourne en rond, et la réalité devant moi n'approche plus d'un pouce.

Je contemple le bâtiment aux vitres noires, énigmatiques, dressé au loin… Que deviendra Prisma quand je l'aurai quitté, le 1er décembre ? La marque va-t-elle fermer peu à peu ses magazines ? Un nuage sombre, dont je n'ai pas encore parlé, obscurcit davantage l'horizon : c'est la hausse du prix du papier. Elle a été, en 2022, de 80 % selon les chiffres délivrés par notre direction. Certains de nos journaux envisagent, pour s'y adapter, de réduire leur format. Bientôt la presse sur timbre-poste ? Comme il y a toujours une solution, une issue, même en forme de trou de souris, l'agonie peut être sans fin.

Les relais de croissance, comme disent les financiers, viendront-ils d'Internet ? Prisma Media caresse l'idée de rendre certains de ses sites payants, mais que peut-il offrir aux internautes pour les inciter à s'abonner ? Des révélations exclusives sur la plus grosse patate du monde ?

J-31

Partout, dans les rédactions, des fêtes sont annoncées. Les journalistes quittant le navire, grâce à la clause de cession, veulent saluer une dernière fois leurs camarades. Contrairement à ce qui se faisait jadis – dans un passé qui ne cesse de s'éloigner –, ces agapes ne sont pas offertes par la direction, mais c'est un mal pour un bien, car les top managers ne s'y invitent pas. Dans les bureaux, les couloirs, on fomente à la va-vite ces soirées joyeuses. Des bouteilles tintent dans leurs casiers, trimballés par des salariés en bras de chemise. Trois bouchons sautent et les immeubles sortent de leur laborieuse torpeur.

Ce matin, en passant devant un open space, je sursaute. À travers la vitre, je vois une pléiade de jeunes femmes – alternantes peut-être, ou embauchées de la dernière heure – danser en plein midi au son d'une enceinte portative. Elles ont troqué leur déjeuner à la cantine contre ce moment d'euphorie improvisé. Les basses vibrent dans l'enceinte, posée sur une table, et leur donnent le tempo, qui semble résonner jusque dans leurs cœurs et leurs artères. Boum-boum-boum… Paupières closes, elles se balancent d'un pied sur l'autre, ou sautent en l'air pour marteler le sol. Tu vas céder, fichu plancher de verre ?!

Je les regarde, fasciné. Je prends soudain conscience que les précaires de Prisma – hommes et plus encore femmes – ont pour coutume de raser les murs, de baisser les yeux en marchant dans les couloirs, comme s'ils – et surtout elles – entérinaient ainsi la fragilité de leur statut. Mais tout cela est fini, aboli, pour un bel instant. Leurs déhanchements sauvages échappent à la tyrannie hiérarchique. Non aux cadences des managers, oui au tempo de Rihanna !

XVIII
La prophétie de Maximilien

J-29

Se détachant contre le ciel qui rougeoie, un acrobate, chaussé d'échasses, se déplace sur les pavés, à l'entrée d'une longue allée. Il marche à grandes enjambées, sur ses hautes pattes de bois, en soufflant dans un saxophone. Ses notes cuivrées flottent dans le soir d'octobre. Un nuage de vapeur s'échappe de ses lèvres. À côté de lui, un jongleur fait tournoyer entre ses mains des torches enflammées. Émerveillés, les invités suivent ces deux saltimbanques chargés de les conduire vers la fête.

Portant une chemise blanche fraîchement repassée, le visage rasé de près, Max attend un peu plus loin, au bout de l'allée, devant une façade de brique rouge envahie de lierre, au centre de laquelle s'ouvre une majestueuse porte de bois. Il s'incline cérémonieusement devant chaque nouveau groupe d'arrivants, comme si leur présence lui était chère, indispensable même. « Entrez, j'espère que vous allez passer une bonne soirée ! » Il frissonne de froid mais aussi d'émotion. Ses yeux brillent, fiévreux. Il déborde d'amour pour ces salariés qui lui prennent tout son temps. Il les défend jusqu'au bout de la nuit, épluchant leurs cas, sauvant leurs postes, quand tout le monde dort. Ce sont ses frères, ses enfants, ses protégés – sans restriction. Un journaliste de *Capital* qui dénonçait à longueur d'articles, d'une plume libérale et vengeresse, la mainmise néfaste de la CGT sur les entreprises s'est secrètement adressé à lui, plutôt qu'aux représentants de la CFDT, quand il s'est agi de négocier son propre départ de Prisma. Dame, la mainmise de Max avait bien des vertus, tout à coup, pour arracher de meilleures indemnités aux juges des prud'hommes.

Oublions ces mesquineries ! Ce soir, c'est la fête automnale du CSE, donnée au magnifique musée des Arts forains, dans le XIIe arrondissement de Paris. Max a lancé cette tradition en 2017, mais malheureusement en 2020, puis 2021, elle a dû être supprimée à cause du confinement et des mesures sanitaires. Alors en 2022, on se rattrape. Entrez, entrez, la direction ne pourra pas vous voler ces instants-là, ni en faire des dividendes. Ils sont gratos.

Condamnés à la solitude par le télétravail, les employés de Prisma n'attendaient que ça. Ils surgissent de partout, du métro, des bus, de leurs voitures, dans ce quartier sombre et secret du Sud parisien. Ils affluent par petits groupes, on entend jaillir dans le noir des rues les éclats de voix impatients de leurs enfants, conviés à la fête. « C'est par ici ! Non, par là ! » Tous rient sous cape. Se perdre fait déjà partie du jeu.

J'atteins à mon tour l'allée aux saltimbanques et passe devant Max. Il est encore distant, noté-je. Je le salue, il détourne la tête. Mais qu'est-ce que je lui ai fait, bon sang ?

Derrière la porte apparaît une immense salle voûtée, avec des surprises dans tous les coins. Un bric-à-brac enchanté ! Des figurines de cire m'entourent dans la pénombre et me fixent de leurs yeux ronds. Je m'amuse à les reconnaître. Là, il y a Victor Hugo, debout derrière un pupitre, un peu plus loin Georges Brassens, assis, sa guitare sur les genoux. Puis une cantatrice, un roi d'Angleterre, une danseuse en tutu, frappée par un sort au beau milieu d'un entrechat. Contre un mur, des garçons de café automates, actionnés par un ressort, gigotent comme des squelettes, leurs plateaux à la main. Et puis d'autres bizarreries se dévoilent, échouées dans la salle sans explication, une proue de navire, un ring de boxe… Au loin, d'une pièce suivante, s'échappent les flonflons d'un orgue de Barbarie. Encore au-delà, le tintamarre de machines à sous.

J'avance de surprise en surprise, d'un pas léger, échappé du quotidien. Je sursaute en voyant surgir dans l'obscurité des visages familiers, que je croyais hors d'atteinte. Ils me surprennent plus encore que les mannequins des siècles passés. Ce sont les fantômes de Prisma, les exilés de la clause, réapparus sur l'invitation de Max. Ils glissent comme des somnambules… Ainsi, Édith est là, soudain, sous une lampe, en clair-obscur ! Elle me sourit mais je la reconnais mal, comme si elle avait pris un raccourci dans ma mémoire. Peut-être suis-je tout simplement surpris par sa longue robe blanche et plissée, à la grecque, et par son maquillage sophistiqué, lèvres brillantes, paupières fardées – alors qu'au bureau elle venait tous les jours en jean, le visage nu. Emportée par un flot d'invités elle s'échappe, en me lançant une moue désolée. Nous nous reverrons une autre fois, qui sait ? Un adolescent, qui lui ressemble fort, la tire par la main vers l'une des nombreuses attractions de la fête. Parmi les plus demandées, un manège et ses cavalcades de chevaux de bois, mais aussi un manège à vélos – on les fait rouler, dans un vacarme de ferraille, en pédalant sur une petite piste circulaire. Il y a également des jeux d'adresse, des jeux de force comme à Luna Park, des crêpes, des gaufres, des barbes à papa !

Plusieurs invités me sourient malicieusement en passant devant moi, comme des devinettes – allons, un petit effort, rappelle-toi mon nom ! Certains sont partis de Prisma, d'autres hésitent, certains vont rester. Ici, ça n'a plus d'importance, c'est oublié, nous sommes tous les enfants d'une même histoire… Quand Vivendi nous sépare, Max nous réunit.

Soudain, je tombe sur Marc M. et nous restons tous deux immobiles, bouche bée, comme deux enfants qui ont peur, en bougeant, de troubler leur reflet. Je ne vous ai pas encore parlé de Marc ? Je manque à tous mes devoirs ! Ce garçon à la stature de colosse et au sourire d'enfant est mon plus sûr complice, à *Ça m'intéresse* – comme l'est Max au CSE. Nous sommes entrés à la même époque dans le journal, voici, mon Dieu, une trentaine d'années. Chimiste de formation, Marc venait de quitter une grosse firme pharmaceutique où il gagnait des fortunes mais s'ennuyait à mourir. Et puis il avait envie de plaire à une fille, alors reporter, ça sonnait bien ! Il s'est lancé dans le journalisme à cœur perdu, s'y donnant pour rôle, pour fonction sociale, de satisfaire les interrogations les plus saugrenues des lecteurs. Il a ainsi inventé la rubrique « Questions/Réponses », qui est devenue la clé de voûte du magazine. Trente ans après, il a toujours la même curiosité, qu'il traite de l'origine d'un mot – « Pourquoi dit-on : sous l'égide de ? » – ou de la consistance des nuages – « Quel est le poids d'un cumulonimbus ? » Chaque jour ou presque, il se félicite d'avoir remisé ses éprouvettes pour résoudre les mystères les plus abracadabrants de l'existence. Marc est officiellement journaliste scientifique. Seuls ses lecteurs savent qu'il est surtout poète – ça reste entre lui et eux.

Pris d'une inspiration, je pose la main sur son avant-bras et me penche vers lui. C'est la bonne personne et le bon moment ! me dis-je, exalté. Un verre de vin rouge brille entre mes doigts – je le bois d'un trait et… « Écoute-moi bien, crié-je. Depuis plus d'un an et demi, j'écris un livre sur l'histoire de Prisma et de son rachat par Vivendi. Tu m'as compris ? J'écris sur toi, sur moi, sur nous tous ! Sur nos échecs, sur nos victoires, sur notre dignité perdue ou sauvée ! » Tandis que les mots si longtemps retenus s'échappent de mes lèvres, un mugissement sourd résonne à mon oreille. Je lève les yeux. Au-dessus de ma tête, le géant saxophoniste joue « La javanaise » sur son instrument. Marc me regarde fixement – comme les figurines qui nous entourent. Le saxophoniste s'éloigne. Rompant le sortilège, mon ami approche son visage du mien et me demande à l'oreille :

– Tu disais quoi ?

J'hésite.

– Non, non, rien.

Le saxo m'a protégé. Je dois encore me taire… Je porte depuis vingt-deux mois exactement le secret de ce texte. Je l'ai commencé presque par jeu, par bravade, puis je m'y suis enfoncé, jour après jour, comme dans un tunnel secret. Maintenant, il me sépare des salariés, de Max, de Marc. Et j'appréhende l'instant où il va être dévoilé… Malgré son sourire bienveillant, mon ami me semble soudain bien loin de moi et de mes pensées interdites. Les rires de la fête s'estompent à mes oreilles. Je me sens projeté seul dans une nuit profonde. Mon souffle, mêlé de peur, me rentre dans la gorge, comme un bâillon.

Un instant plus tard, me voilà debout sur une estrade étroite, serré contre les autres élu·e·s de l'intersyndicale SNJ-CGT. Nous devons nous montrer aux salariés, incarner l'unité que nous attendons d'eux en retour… Max, un pas devant nous, au bord de l'estrade, parle, les lèvres collées contre le micro. « Je retrouve des visages que je n'ai pas vus depuis si longtemps… Merci d'être venus ! »

Il s'étrangle d'émotion. Quelques applaudissements crépitent. Il baisse la tête, laissant pendre une liasse de feuilles au bout de ses doigts. Il oublie son texte pour improviser, comme à son habitude…

Je souris, sa voix grésillant dans les haut-parleurs m'entraîne vers le passé. Je me rappelle quand il fomentait des assemblées générales, à Gennevilliers, voici encore trois ou quatre ans, avant que la Covid et le télétravail nous dispersent. Ça se passait toujours de la même manière…

Pour commencer, un de ses seconds haranguait les salariés, en longeant lentement les trois façades autour de la cour. « AG dans cinq minutes ! AG dans cinq minutes ! Tous en bas, devant la cafétéria ! » criait-il d'une voix métallique dans son mégaphone, tête levée vers les vitres opaques. Derrière celles-ci, nous hésitions un quart de seconde, puis, nous entraînant l'un l'autre, nous nous dirigions vers l'ascenseur, en passant devant le bureau du rédacteur en chef qui restait ostensiblement assis derrière son ordinateur. Dans tous les services, à tous les étages, des cadres, des employés, des journalistes répondaient comme nous à l'appel du mutin.

Max tirait une table de la cafétéria vers le centre de la cour. Il grimpait dessus, mégaphone à la main, et commençait. Les négociations sur les augmentations de salaire, ou sur les réductions du temps de travail, sont dans l'impasse, nous expliquait-il, dressé au-dessus de nos têtes. Sa chemise blanche étincelait au soleil. « J'ai besoin de votre soutien. Sans vous, je ne suis rien ! s'exclamait-il. Rien ! Mais tous ensemble, nous pouvons les faire plier ! » Des applaudissements éclataient, des cris, des sifflets montaient. Ils attiraient de nouveaux participants, qui désertaient les bureaux à leur tour. Bientôt, la cour était noire de monde. Max, sur son estrade de fortune, éructait dans son appareil, invectivant Bill, Nathalie, les actionnaires de Bertelsmann et leurs dividendes voraces, le ministre du Travail, le Premier ministre, le président de la République. Rien ne l'arrêtait, il engueulait même son mégaphone, quand ce dernier tombait en panne, et nous riions, nous battions des mains autour de lui. Des encouragements fusaient : « Vas-y, Max, on est avec toi ! » Je promenais les yeux alentour, pour nous compter. Dix… trente… quatre-vingts, peut-être même cent salariés avaient rejoint l'assemblée ! Nous étions bien installés dehors, désormais, et ça durerait ce que ça durerait, un jour, deux jours… Nous avions quitté la fatalité peureuse du travail et de ses heures confisquées. On s'en faisait un monde d'abandonner notre poste, alors que c'était si facile…

Je reviens à moi. Apparemment, l'histoire continue. En ce temps-là, Max donnait le tempo avec son mégaphone – comme il le fait maintenant, derrière son micro, sur l'estrade du musée des Arts forains. Les mots sont les mêmes ! Seuls les noms propres ont changé. « Nous avons besoin de vous, lance-t-il aux salariés. Sans vous, nous ne pourrons rien face à Vivendi et Bolloré ! » Son visage est toujours aussi volontaire, son expression aussi rageuse. Des applaudissements jaillissent et il baisse la tête, comme alors, pour attendre un instant avant de reprendre la parole…

Pourtant, quelque chose a changé, noté-je en équilibre sur l'estrade. Dans la cour, jadis, dès que Max parlait tout le monde retenait son souffle, aux aguets. Ce soir, derrière ses phrases, un mugissement épais imprègne la salle. Il vient des invités qui ne veulent rien entendre – une bonne moitié d'entre eux. Ils piaillent en buvant et en piochant dans leurs assiettes. Max reprend son prêche d'une voix rauque, qui fracasse les haut-parleurs. « Ensemble ! » crie-t-il, désespérément. Un instant l'attention s'étend, ses mots semblent dominer le vacarme, l'éteindre, mais un rire par-ci, par-là, un bout de conversation insouciante, et le brouhaha renaît. Un voile de lassitude tombe sur les yeux de mon camarade.

Un peu plus tard, fumant devant l'entrée, il résumera posément la situation. « Les nouveaux salariés sont difficiles à atteindre, ils s'en fichent de nos histoires de mobilisation. En revanche, les vieux sont toujours avec nous. » Il tire sur sa cigarette, qui rougeoie dans la nuit. « Sauf que les vieux… Ils quittent l'entreprise. » Max hoche la tête, satisfait de son analyse, désespérante mais lucide… Il me regarde et je sens soudain des rides courir, comme le lierre, sur mon visage. Je suis comme il me voit : un vieux sur le départ. Voilà pourquoi il s'éloigne. Ce n'est pas ma faute, ni la sienne, c'est comme ça. La suite s'écrit sans moi.

Peu à peu, la fête s'éteint. Les salariés sortent et s'en vont, ils ont passé une belle soirée. Certains portent dans leurs bras des enfants, tombés de fatigue à force de cavalcades. Max, debout sur le seuil, échange un sourire avec eux. Une fois qu'ils se sont éloignés, il me parle des prochaines élections du personnel.

– Tu crois que la fête va nous rapporter des voix ? me demande-t-il.

– J'espère bien, le rassuré-je, ton discours était excellent !

– 10 % ? évalue-t-il. Un sur dix voteront pour nous à cause de cette soirée ? On en aura bien besoin… Tu as remarqué ? me demande-t-il malicieusement. Quelque chose était différent, cette fois-ci.

Je fais une moue indécise, tout heureux d'être de nouveau soumis à ses questions pédagogiques – notre vieille façon de dialoguer. Sans attendre, il répond lui-même :

– Pas un seul responsable des ressources humaines n'était là ce soir. Les années précédentes, il y en avait toujours trois ou quatre.

– La direction leur a interdit de venir ? hasardé-je.

– On dirait bien, oui ! Plus question pour eux de s'afficher avec nous, même à une fête. Vivendi juge sans doute problématique que la CGT soit majoritaire dans une de ses entreprises. Il serait pas mal que ça cesse ! Ils vont…

Max s'étrangle avec sa cigarette. Une quinte de toux masque ses mots suivants. Je me penche et l'entends murmurer :

– Ils… vont… nous détruire, Jean-Marie ! Nous exploser !

Il s'esclaffe, agite la main, roule des yeux. Objectivement, il a l'air de trouver ça trop drôle. C'est tellement bien joué ! Non seulement la clause de cession a permis à Prisma de se débarrasser des vieux journalistes – et de leurs salaires exorbitants –, mais en prime les cadres (de la pub, de la finance, des ressources humaines, des services informatiques) sont désormais largement majoritaires dans l'entreprise. Ils vont donc avoir plus de représentants. Or les cadres votent instinctivement pour le syndicat « réformiste » CFDT.

– La direction a suivi l'adage de Brecht : pour remporter des élections, il suffit de changer le peuple, rigole Max.

– C'était Brecht… ou Beckett ?

Max me regarde, interloqué, tandis que je ris, je ris, comme un imbécile malheureux…

Alentour, c’est le grand silence. La nuit s’inquiète pour nous.

XIX
L'orage sans fin

J-28

Tout va si vite, désormais ! Les jours me passent sous le nez. La date me fait sursauter, quand je la croise sur la couverture du quotidien *L'Équipe*, ou dans le coin droit de mon ordinateur. Nous sommes le 2 novembre ? Non, le 3 ? Oh, déjà le 4 ? C'est comme si je marchais sur une falaise, vers le bord, sans pouvoir m'arrêter. J'évite de baisser les yeux, de regarder en bas. 1er décembre, tout le monde descend ! Il me revient un vers de Ronsard : « Le temps s'en va, le temps s'en va, ma Dame. – Las ! Le temps, non, mais nous nous en allons. »

Heureusement, une drôle d'histoire me distrait de ce compte à rebours. Un matin, Elsa H. m'appelle. Elsa est une jeune journaliste à qui j'ai commandé, ces dernières années, plusieurs articles pour *Ça m'intéresse*. Je lui ai un peu servi de professeur, de mentor, lui apprenant quelques trucs du métier. Or ce jour-là, au téléphone, elle m'annonce qu'elle a été embauchée à temps complet par le site d'information alternatif StreetPress. Sur ma falaise, je lève les yeux en souriant, suivant du regard, à l'horizon d'un beau ciel bleu, l'oiseau journaliste qui s'envole du nid ! Je la félicite chaleureusement, tout en me désolant de ne plus avoir l'occasion de travailler avec elle, puisque ce site, jaloux de son talent, lui réclame l'exclusivité. Et puis, d'ailleurs, moi-même je quitte *Ça m'intéresse*. Elle répond en riant :

– Je vais quand même vous mettre à contribution une dernière fois, Jean-Marie ! (Nous nous vouvoyons. Nous avons développé une relation professionnelle vieille France.) Vous ne devinerez jamais le thème de mon premier sujet. J'ai proposé à mon nouveau rédacteur en chef de réaliser une enquête sur… Prisma Media ! Je veux tout raconter depuis le rachat par Bolloré. Comment les choses se sont passées au jour le jour dans l'entreprise, les pressions, les tensions, les départs des journalistes avec la clause de cession… Vous voulez bien m'aider ?

Seul sur ma falaise, je ferme les yeux, pris d'un délicieux vertige. Résumons : sans le savoir, Elsa me demande de lui raconter l'histoire sur laquelle j'écris depuis bientôt deux ans – mais je ne peux le lui avouer. Tandis qu'elle me parle, j'oublie par instants de l'écouter pour m'enfoncer en moi-même, et je songe que cette conversation figurera dans mon propre livre.

– Ce sera avec plaisir. Je suis à votre disposition, très chère Elsa ! lui dis-je avec une émotion d'autant moins dissimulée que tout le reste doit l'être.

L'après-midi même, je fais encore un grand pas vers le vide. Me voilà maintenant tout près du bord. Mes jambes tremblent. La falaise ne va-t-elle pas s'effondrer d'un coup, sous le linoléum du hall, près de l'entrée ? Je l'ignore, car j'entre dans un épisode inédit de ma vie…

J'attends devant un petit box vitré, posé dans un coin du hall, près de l'ascenseur. Je n'aurais jamais cru atterrir là un jour. Je me suis toujours demandé à quoi servait ce ridicule petit bureau préfabriqué. Je n'ai jamais vu personne à l'intérieur. Eh bien, voilà qu'il a trouvé son usage : c'est ici que nous sommes invités à nous présenter à tour de rôle, nous autres salariés seniors, pour un entretien d'information. Par coïncidence, c'est mon pote Marc qui me précède. Il est assis là, dans le petit cube de Plexiglas, face à une conseillère blonde et souriante. Elle pianote sur son ordinateur portable, posé sur ses genoux, et remue les lèvres, interprétant les graphiques et les courbes qui défilent sur son écran. Je devine qu'elle lui lit son avenir. Oh, elle ne voit pas d'amour à l'horizon, ni d'héritage mirobolant, ni de voyage sous les Tropiques… Tandis qu'il l'écoute, le regard de mon ami se fait vitreux. Enfin, il se lève de son tabouret et sort. Il m'apparaît tout guindé, emprunté, on dirait qu'il porte une cuirasse. Il me croise en évitant mes yeux et se glisse vers l'ascenseur. Il appuie plusieurs fois sur son bouton, pour le faire venir plus vite. Il est pressé de disparaître. Quelques heures plus tard, il m'expliquera pourquoi. « Je suis arrivé ce matin dans la peau d'un actif, et je repars ce soir dans celle d'un retraité ! Ça bouscule… »

Je prends sa place dans le petit box. Par la vitre, je vois passer de jeunes salariés qui entrent dans le hall et se plantent devant l'ascenseur, juste à côté de moi. Ils me regardent à la dérobée, se demandant ce que je fais là. Leur oreille se penche, ils essaient d'entendre ce que me raconte la conseillère. Je suspecte que nos rendez-vous avec elle ont été planifiés dans ce bureau transparent pour offrir notre honte en pâture aux jeunes pousses, aux forces vives de l'entreprise.

La conseillère est envoyée par la mutuelle de Prisma Media. Elle est chargée de nous aider, nous autres vieux salariés en partance, à préparer l'après. Pour Marc, c'était vite vu : à soixante-trois ans, et ayant commencé à travailler tout jeune, il part directement à la case retraite. Quand ? s'est-il inquiété. Mais là, tout de suite, dans quatre semaines ! a ri la conseillère.

Mon cas est un peu plus compliqué, m'explique cette blonde pythie, dans notre cage de verre, en balayant des yeux mes centaines de fiches de paie, sur son écran. Il n'y a pas trop de trous dans ma carrière, constate-t-elle avec satisfaction. En revanche, j'ai perdu un peu de temps, à la fin de mes études. (Je hoche la tête, rêveur. À cette époque, je faisais griller le papier OCB entre mes lèvres avec une assiduité redoublée. Il y a une logique cachée dans tout ce qui m'arrive. Les fleuves mais aussi les rigoles de ma vie convergent vers le petit box où je me trouve réduit, tel un singe dans sa cage.)

La conseillère me dévoile le programme qui m'attend d'une voix joyeuse, pour me donner de l'entrain. Je vais m'inscrire au chômage, dit-elle en me regardant sous ses lunettes, d'un air maternel. Cela me permettra, qui sait, de suivre une formation, et surtout d'acquérir les trimestres de cotisation qui me manquent pour prétendre à une retraite pleine et entière. Ensuite, dans trois ans, je pourrai en bénéficier et toucher – roulements de tambour, la conseillère pianote sur son écran – … 2790 euros bruts par mois !

Je me lève et serre la main de ma bienfaitrice. Allons, allons, même en ôtant 10 % de charges et autant d'impôts, je ne suis pas à plaindre, j'aurai largement de quoi végéter jusqu'au funérarium. Un autre vieux débris, qui attendait derrière la porte, prend ma place dans le box, tandis que, comme Marc un peu plus tôt, j'appuie frénétiquement sur le bouton de l'ascenseur pour disparaître au plus vite.

– C'était chouette, Prisma, à cette époque ! On faisait de bons journaux, Elsa, on avait le temps et les moyens pour ça !

– Racontez, Jean-Marie ! m'encourage la jeune journaliste au téléphone.

– Eh bien, à *Ça m'intéresse*, par exemple… Figurez-vous que dans chaque domaine, pour chaque article, on trouvait de vrais experts, pas comme ceux qu'on voit à la télé… J'ai traqué un sociologue du sport, Pascal Duret, pendant des semaines, l'appelant une dizaine de fois, le bombardant de messages. Je voulais qu'il m'explique pourquoi les grands champions nous fascinent tant – c'était le genre de questions saugrenues qu'on pouvait se poser dans mon magazine. Finalement, un jour, j'ai entendu mon fax se mettre en route et une bande de papier interminable en est sortie.

– Une bande de papier ? s'étonne Elsa.

– Oui… Vous savez, avec cette machine-là, le fax, on pouvait envoyer un texte à distance et il sortait sur un rouleau de papier sulfurisé. C'était génial !…

Qu'est-ce que je suis vieux ! me dis-je soudain en m'écoutant lui ouvrir mon magasin de brocante des années 1990. Je reprends :

– Bref, ça n'a pas d'importance. Ce que je veux vous dire, c'est que le sociologue, ému peut-être par mon insistance, ou par l'intérêt démesuré que je lui témoignais, ou encore inspiré par la question que je lui posais, y avait finalement répondu par un texte de dix pages. Je n'avais jamais reçu un fax aussi long ! Voilà ce qu'on pouvait obtenir à *Ça m'intéresse*, avec du temps et de la passion… En retour, les gens vous en offraient tout autant.

Notre conversation s'achève. Je raccroche, ému, et la poursuis dans ma tête. Je me rappelle un des ultimes papiers que j'ai faits pour le même magazine, en septembre dernier, trente ans après. C'était sur les chaussettes, leur invention, leur économie – ne riez pas bêtement, il y a des tas d'informations passionnantes sur ce sujet, comme sur n'importe quel autre. La clé, c'est de « tout trouver beau », comme disait Anna Karina dans *Vivre sa vie*[1]… Je me suis notamment demandé combien de chaussettes étaient vendues chaque année en France et suis tombé, en fouillant Internet, une fois, deux fois, dix fois sur le même chiffre : 200 millions de paires. Il était tentant de le reprendre, puisque mes confrères semblaient d'accord sur cette estimation – et leur unanimité la cautionnait. Franchement, de guerre lasse, j'ai failli la recopier à mon tour, mais un scrupule m'en empêchait. Je n'en trouvais pas la source. Le chargé de communication d'un salon du textile, qui était cité dans un article comme référence de cette statistique, m'a assuré qu'il n'y était pour rien – le salon n'avait jamais commandité d'étude sur ce sujet. Plus troublant encore : la dernière occurrence du chiffre datait de 2020 (dans un très sérieux journal économique) et la première de 2000. Comme si la consommation de chaussettes en France n'avait pas varié d'un fil d'Écosse en vingt ans… En fait, tous mes prédécesseurs s'étaient recopiés gaiement les uns les autres sans chercher plus avant si l'information était juste ou pas – exactement comme je m'apprêtais à le faire après eux. Finalement, un professionnel du

1. « Après tout, tout est beau, il n'y a qu'à s'intéresser aux choses et les trouver belles. Si, après tout, les choses sont comme elles sont, rien d'autre. Un message, c'est un message, des assiettes sont des assiettes, les hommes sont des hommes et la vie, c'est la vie. » Monologue de Nana (Anna Karina) dans *Vivre sa vie* (1962), un film de Jean-Luc Godard.

secteur – que j'ai dégoté *in extremis* – m'a dit qu'on ne disposait pas de donnée fiable là-dessus et que le chiffre qui circulait sur Internet lui semblait, hum, « hasardeux ». Je n'ai donc rien écrit sur les ventes de chaussettes annuelles en France et suis assez fier d'avoir délivré aux lecteurs cette non-information, cette incertitude bien cernée, fruit d'une assez longue recherche… Je les ai, au moins, protégés d'une erreur.

« C'était un métier, Elsa, un beau métier », radoté-je dans mes pensées.

J-24

La direction convoque une réunion extraordinaire pour annoncer aux représentants du personnel la fermeture d'un des magazines du groupe, *Bien dans ma vie*, qui battait de l'aile. Tout a été tenté, assure la manageuse chargée de le relancer, Jennifer M., debout devant les élus. On a changé ses rubriques, sa maquette…

Appuyant sur une télécommande, Jennifer fait défiler sur un écran des pages géantes du journal, preuves de ces efforts acharnés.

– Il y a eu des campagnes d'affichage, poursuit-elle, et même des spots télé. Malheureusement, les ventes n'ont jamais décollé. Le titre perdait de plus en plus d'argent…

Elle se tait, éteint l'image et baisse la tête, impuissante. On dirait le chirurgien, dans les téléfilms, au moment où il sort du bloc et arrache son masque, après avoir vainement fait sursauter, sous ses défibrillateurs pareils à des fers à repasser, la poitrine du futur macchabée…

Max casse l'ambiance. Son diagnostic est différent. Pour fabriquer des journaux dignes de ce nom, rabâche-t-il en se frottant le crâne, il faut y mettre des vrais moyens. Sinon, les nouvelles formules, les nouvelles rubriques, c'est juste de la poudre aux yeux…

– Vous avez de grosses responsabilités dans le groupe, demande-t-il à la manageuse. Ça ne vous laissait pas beaucoup de temps pour piloter *Bien dans ma vie*, si ?

– Si, si ! Je voyais la rédaction au moins une fois par semaine. Tous les jeudis !

Silence. Un chirurgien hebdomadaire, pour un titre gravement malade, était-ce bien raisonnable ?…

– Venons-en aux reclassements ! intervient soudain Nathalie, qui juge que le requiem a assez duré.

Les cinq salariés qui restent sur le carreau doivent se voir proposer, en priorité, les postes vacants du groupe – c'est la loi. Nathalie expose donc les solutions qui ont été envisagées pour eux – et elles. Trois vont pouvoir, s'ils en conviennent, rejoindre immédiatement un magazine, résume la directrice, mais les deux restants devront patienter un peu, le temps que se libèrent des places correspondant à leur métier.

– Parmi les deux, il y a une SR (secrétaire de rédaction), s'étonne une élue. Or, à *Cuisine actuelle*, les deux SR viennent de partir avec leur clause de cession. Du coup, leurs postes sont vacants, non ?

– Vous savez bien que nous ne remplaçons pas tous les départs sur clause, explique patiemment Nathalie. Les CDI sont…

– « Challengés », je sais, interrompt l'élue, je connais la musique. Mais en l'occurrence, vous devez au moins en remplacer un, *Cuisine actuelle* ne se fera pas sans SR.

– C'est vrai, admet Nathalie.

– Alors, affectez-lui la SR de *Bien dans ma vie*, insiste l'autre. En plus, elle adore la cuisine !

Notre élue affiche un sourire rigolard. De fait, ce qu'elle dit semble tomber sous le sens. Il y a d'un côté une salariée sans emploi, de l'autre un poste vacant correspondant à ses compétences. Jamais reclassement n'a paru aussi simple. Où est donc le problème ?

Nathalie se tait. Elle fait comme si elle n'avait pas entendu, se tournant dans tous les sens pour anticiper l'intervention suivante. C'est une technique qu'elle utilise couramment : en cas de question gênante, en attendre une nouvelle, moins compromettante, et répondre à celle-ci – la précédente sera alors noyée dans l'oubli. Hélas, personne, pas même les élus de la CFDT, ne vole à son secours.

– Il y aura un nouveau SR à *Cuisine actuelle*, oui ou non ? répète alors notre élue, agacée.

– Oui, mais pas en CDI, lâche enfin Nathalie.

Soudain, le silence se creuse. Une information vient de tomber. Les postes qui étaient occupés à *Cuisine actuelle* par deux SR permanents vont disparaître. Ils laisseront place – pour faire quand même tourner le journal – à un ou deux emplois précaires. Ainsi, dans le cas où ce titre cesserait un jour ses activités, on aurait deux salariés de moins à reclasser, puisqu'il n'y a aucune obligation de ce type avec des CDD. Autrement dit, si l'on ne transfère pas la SR de *Bien dans ma vie* à *Cuisine actuelle*, c'est que ce magazine est lui-même en sursis.

Voilà ce qu'on peut entendre derrière la petite précision, apparemment anodine, lâchée par Nathalie. Aujourd'hui, c'est la fermeture de *Bien dans ma vie* qui est annoncée, mais au détour d'une phrase, on peut aussi imaginer celle de *Cuisine actuelle* pour plus tard. Dans six mois, un an. Tic-tac, tic-tac…

À ma propre surprise, je me tourne vers la directrice et romps le silence d'une voix blanche.

– Vous savez, Nathalie, ce genre d'annonce, chaque fois, ça fait mal. Comme ça.

Je penche la tête en avant, lève le bras en arrière et mime, avec le tranchant de la main, un coup du lapin sur ma nuque.

– Je sais, me dit-elle, sincèrement compatissante, je sais. Mais il y a des réalités économiques, Jean-Marie…

Elle hausse les épaules et écarte les bras d'un geste fataliste. Fais comme moi, semble-t-elle me dire. Laisse passer l'orage, l'orage sans fin !

XX
Requiem pour les forêts finlandaises

J-21

Nous voilà, Max et moi, sur le quai de la station de métro Gabriel-Péri, à Gennevilliers. Il fait défiler un texte sur son téléphone portable et le lit en silence. Je ne le dérange pas mais souris, guettant sa réaction. Enfin, il hoche la tête, avec une moue admirative.

– Il est vraiment top, le papier d'Elsa[1] !

Je rougis, fier de mon ancienne protégée. Carrément top, oui ! Avant de l'écrire et de le publier sur Internet, elle a pris soin, ces dernières semaines, d'interviewer pas moins de vingt-cinq salariés de notre entreprise. Ils lui ont longuement ouvert leur cœur. Un vrai magma de colère ! Ainsi, un collaborateur de *Télé Loisirs* assure avoir été fortement incité à chroniquer un film sur Jésus, diffusé sur la chaîne C8 (Vivendi). Un autre, travaillant pour le même magazine, se plaint d'avoir dû retirer du courrier

1. Son titre : « Censure, course aux clics et burn-out dans les magazines de Bolloré », StreetPress, 24 octobre 2022.

des lecteurs une lettre qui critiquait Cyril Hanouna (animateur chez C8/Vivendi). Petites pressions, petites mesquineries qui donnent un visage nouveau, et moyennement avenant, à notre entreprise... Ça tombe bien, on ne vous retient pas, la porte est grande ouverte.

Oh, nous sommes encore bien loin, en termes de compromission, de soumission, des standards en vigueur dans d'autres médias Vivendi. Nous sommes des bizuts de la complaisance, des puceaux de la veulerie. En ce mois de novembre 2022, dans son émission « Touche pas à mon poste », Cyril Hanouna reçoit un jeune député, Louis Boyard. Ce dernier, à l'occasion d'un débat sur les migrants, dénonce soudain la déforestation pratiquée, d'après lui, par Vincent Bolloré en Afrique, quand il y possédait des plantations. Hanouna pourrait alors défendre *discrètement* son patron, en suggérant que cette allégation n'est pas vérifiée, ou en reprochant à son hôte de s'éloigner du sujet de l'émission. Pas du tout, cash-pistache, verbe hautain, l'animateur lance: « Dis donc, tu sais où t'es? T'es à C8, t'es chez Bolloré! Qu'est-ce que tu viens foutre ici? » Et de tancer, dans la foulée, Boyard pour son ingratitude, vu que dans une autre vie, avant d'être élu à l'Assemblée, il a été employé comme amuseur sur cette même chaîne. « Alors, mon chéri, on vient cracher dans la soupe? » l'étrille Hanouna, avant de le traiter de « tocard », de « bouffon » et de « merde » – et vive la République! Sans avoir même à la dissimuler, donc, l'animateur applique une règle limpide: chez Bolloré, tu ne critiques pas Bolloré, ou tu peux en subir les conséquences. Un peu comme si, dans un commissariat de police, tu venais te plaindre de Gérald Darmanin. Les plateaux de C8 ou CNews ne sont pas, comme pourrait le croire un téléspectateur distrait, un espace public, ouvert à de libres discussions, mais une propriété privée, émanant d'un prince. On n'y parle pas des sujets qui lui déplaisent.

Cela vaut aussi, désormais, pour nos titres chez Prisma. Un lecteur mécontent de Cyril Hanouna n'a pas à venir l'écrire dans nos pages. Tu sais où tu es, ici, tocard, tu es chez Bolloré ! Alors ta lettre, poubelle ! Va donc pleurer chez *Télérama* !

Le métro est bondé – la ligne 13, celle qui dessert Gennevilliers, est connue pour ses pics d'affluence et son absence de ventilation qui la rendent irrespirable. Nous nous pressons, Max et moi, contre les voyageurs, pour entrer dans la rame. Aux usagers déjà surabondants en temps normal s'ajoutent, cet après-midi-là, des centaines de salariés de notre groupe. Nous avons quitté nos bureaux comme un seul homme – une seule femme –, car nous sommes conviés, à 16 heures, à la réunion annuelle des collaborateurs (la RAC), grand-messe de l'entreprise qui se déroule à quelques stations d'ici, dans le VIIIe arrondissement.

Nous nous installons bientôt, Max et moi, dans les fauteuils de velours de la salle Gaveau, aux murs vert pâle et aux dorures fatiguées. Autour de nous, le parterre se remplit du petit peuple de Prisma. Dans une loge, sur le côté, les top managers de l'entreprise bavardent entre eux, prêts à se succéder sur scène pour nous rassurer sur le devenir de l'entreprise. Je lève les yeux vers une toile, tendue devant le rideau rouge. Trois slogans géants y résument le programme de l'après-midi :

Célébrer nos succès et nos réalisations éditoriales
Comprendre nos enjeux stratégiques
Construire nos leviers de croissance pour demain

Je hoche la tête devant ces mantras et ferme les yeux, pour en goûter la profondeur. Soudain, des applaudissements retentissent. La pédégère vient de monter sur scène. Elle est belle, elle est bien habillée – elle écarte ses bras, comme pour faire admirer sa robe longue de couturier. Prisma a fait son bonheur, elle nous le montre par cette métaphore textile.

Nous allons passer un très, très, très heureux moment ensemble, annonce-t-elle. (La répétition des adverbes et des adjectifs est une des règles lexicales de la cérémonie.) Pourtant (et des rides barrent soudain son jeune front), elle tient à avoir une pensée pour les journalistes qui ont quitté l'entreprise, en usant de leur clause de cession, ou qui s'apprêtent à le faire. Ils ont servi fidèlement Prisma, et elle veut les remercier très, très, très chaleureusement ! Des applaudissements nourris lui répondent, mais elle lève vite le bras pour les interrompre.

Stop ! Le temps du deuil est fini. Quinze secondes de douleur et l'entreprise est de nouveau en état de marche, tournée vers l'avenir. Un sourire radieux réapparaît sur ses lèvres.

– Je laisse la place à mes camarades du Comex (comité exécutif) ! s'écrie-t-elle après cette introduction, avant de disparaître sur le côté pour se rasseoir dans la loge VIP.

À côté de moi, Max se raidit contre son siège.

– Elle est gonflée, marmonne-t-il entre ses dents.

Pas besoin de m'expliquer. « Camarade », c'est une appellation qui nous appartient, un mot de gauche. Un mot de pauvres. « On ne peut tout de même pas tout leur voler, aux pauvres », disait Arletty dans *Les enfants du paradis*.

Après la pédégère, les top managers se succèdent sur l'estrade. Ils ont tous en charge un secteur de l'activité de Prisma : la publicité, le développement des sites numériques, les ventes des magazines en kiosque ou sur abonnement, etc. Ils sont là, comme le dit la banderole dressée au-dessus de leur tête, pour célébrer « les succès » de l'entreprise et pour dire, en toute modestie, qu'ils sont les meilleurs. Nous avons fait « 304 millions de chiffre d'affaires ! » s'exclame l'un. « Nous avons connu une croissance digitale de XX %, s'enthousiasme l'autre, c'est YY % de plus que ce que nous avions prévu. » Et ils sourient, aveuglés, comme si l'horizon radieux s'écrasait sur leur visage, leur barbouillant les joues de bleu azur. Les chiffres sortent de leurs bouches comme les grenouilles de celles des sorcières. « Nous détenons 33 % des parts de la vente en kiosque, s'époumone encore un manager. Un magazine sur trois vendu en France porte la marque Prisma », croit-il bon de traduire, pour que nous n'en croyions décidément pas nos oreilles. Ce qu'il oublie de préciser, c'est que le nombre global de journaux écoulés rétrécit de mois en mois… Nous gagnons des parts d'un gâteau qui s'amenuise, nous sommes les fiers conquérants d'une banquise fondante. Voulant élargir nos motifs de fierté, un manager rappelle que Canal+, battant comme nous sous pavillon Vivendi, recense « 24 millions de téléspectateurs dans le monde ».

– Je cède la place à ma camarade Sylvie ! s'exclame-t-il avant de quitter la scène.

– Ils commencent à me saouler avec leurs « camarades », grince Max, ses longues mains crispées sur les bras du fauteuil.

Sylvie F., une femme filiforme, en pantalon et pull, avec un grand sourire timide, monte à son tour sur scène.

– Je vais vous parler des achats de papier et, je vous préviens, je n'ai pas de très bonnes nouvelles ! s'excuse-t-elle en rajustant ses lunettes. Vous le savez sans doute, cette matière première, indispensable à nos magazines, connaît une hausse des prix vertigineuse, à cause notamment de la guerre en Ukraine et de la flambée des cours de l'énergie.

Sylvie sursaute en entendant son propre souffle, car un silence profond s'est fait dans la salle. Intimidée, elle reprend en parlant aussi bas que possible dans le micro, mais sa voix, amplifiée par quatre enceintes grises, cerne le parterre, avec des mots implacables.

– Il y a eu aussi une grève chez les papetiers de Finlande. Une grève de plusieurs mois qui a paralysé leur production. Comme ce pays est un gros fournisseur, les stocks se sont raréfiés et la hausse des prix s'est accentuée. Nous avons tenté de la compenser en diminuant la pagination des journaux, en calculant au plus près leur tirage… Nous nous sommes battus pied à pied, croyez-moi ! dit-elle, avec un petit rire coupable.

Des applaudissements crépitent. Il y a même des « Bravo », ou des « Merci ! » Chacun comprend confusément qu'il faut sauver la soldate Sylvie, la libérer des forces obscures du marché. Sans quoi, si son histoire se terminait mal, nous pourrions tous sortir ruinés de la salle Gaveau.

Les yeux mi-clos, Sylvie déroule son funèbre récit. Un autre danger menace la fabrication des magazines, ajoute-t-elle, le doigt levé… Son corps s'allonge sur l'estrade, on dirait la chanteuse Barbara prise dans le vertige d'une mélodie. Les fournisseurs, poursuit-elle avec un rire gêné, les fournisseurs préfèrent vendre leur pulpe de cellulose aux industriels de l'emballage. C'est un marché plus solide, la, la, plus rentable, la, la, la, que celui des journaux ! Les cartons pour Amazon ou pour Pizza Hut dévorent les stocks. Ce n'est même plus un problème de prix, Prisma est menacé par une pénurie de papier, tout simplement…

Elle s'arrête en suspens, sa respiration résonne dans les enceintes.

Je ne sais plus exactement comment s'est terminée cette cérémonie. D'autres managers sont venus éteindre les prophéties de Sylvie, en nous jetant des pluies de bonnes nouvelles. L'un d'entre eux nous a affirmé que Prisma était le « champion d'Europe des marques médias les plus désirables ». Ça nous fait une belle jambe!

À la sortie du théâtre, je remarque des papiers gras qui traînent par terre. L'un d'entre eux, un sachet de hamburger McDonald's, vient se coller à ma chaussure. Jadis mon père, journaliste, s'amusait de ce que les feuilles des quotidiens où il travaillait servaient, après usage, à protéger les laitues qu'on vendait sur les marchés. Ce temps béni n'est plus, désormais le papier part directement à l'emballage, sans passer par la case journaux.

XXI
Solde de tout compte

J-5

Chaque matin, à Gennevilliers, des salariés m'arrêtent et me demandent : « Tu ne t'en vas pas tout de suite, n'est-ce pas ? » Je secoue la tête, avec un sourire rassurant, crâneur. J'ai encore de nombreux jours devant moi. Ils diminuent, certes, ils ne se comptent plus en mois, ni même en semaines, mais il m'en reste un petit matelas douillet, pour me protéger de l'instant du départ – cette porte opaque fichée dans l'horizon. Et puis… un jeudi, je rencontre devant l'ascenseur une copine maquettiste. Zut, comment elle s'appelle déjà ? Ce n'est pas une amie, mais son visage m'est familier, et je suis heureux de la retrouver ! Nous avons travaillé quelques semaines ensemble, voici des années, mais où ? Peut-être à *Géo*, ou à *Ça m'intéresse* – le turnover est important dans nos magazines. Depuis, nous nous sourions quand nous nous croisons, toutes les semaines ou tous les six mois, en signe de complicité minuscule.

Ce matin-là, dans le hall du bâtiment C, je remarque plus que d'autres fois sa belle chevelure argentée, accordée à ses yeux noisette en amande. Elle porte un anorak bleu marine et une boucle dorée, dite créole, à l'oreille. Ah oui, elle a aussi ses grandes lunettes rouges, à la Nana Mouskouri ! Pourquoi tous ces détails me sautent-ils aux yeux aujourd'hui ?

Nous montons dans l'ascenseur, et elle appuie sur le bouton 3, un étage avant le mien. En ce moment, elle travaille dans un magazine féminin, me dit-elle de sa voix grave, presque rauque (je me rappelle aussi ce trait en l'écoutant)... Les portes métalliques s'ouvrent, elle se retourne et reste un instant sur le palier, devant moi. Je lui lance :

– Déjeunons ou prenons un café, un jour prochain !

– Oui, me répond-elle, avec plaisir ! Mon contrat s'arrête ce soir, mais je reviens chez Prisma le 5 décembre, pour une nouvelle mission.

– Alors, au 5 !

Les portes se referment lentement entre nous. Ma rétine imprime vite sa chevelure, ses yeux, la boucle étincelant à son oreille, et son sourire. Rendez-vous dans une semaine ! La cage de l'ascenseur tressaute et poursuit sa course vers le quatrième. Des pages blanches d'agenda tournent dans ma tête. 27, 28, 29, et soudain mon regard se dirige sur le plancher. Je cherche mentalement la maquettiste, à l'étage en dessous, et l'agenda s'effeuille dans ma tête.

Je pars le 30 novembre. Ce jour que je reporte sans cesse au loin se colle contre mon nez. Le 5 décembre, quand reviendra la CDD aux cheveux d'argent, je serai loin. En fait, nous ne nous reverrons plus jamais. Comment s'appelait-elle, déjà ?

J'arrive au quatrième étage, quelques salariées bavardent autour de la machine à café. Il y a une cadre du marketing, une journaliste de *Géo*, une jeune informaticienne. Trois vagues connaissances, mais qui me semblent soudain si précieuses ! Je leur adresse un petit hochement de tête. Elles me répondent distraitement. Et dans mes pensées, je leur dis à chacune : « Toi non plus, je ne te verrai plus jamais, jamais, jamais… »

J-3
Don't you talk to me about work
Please don't talk to me about work
I'm up to my eyeballs in dirt
With work, with work

La tête enfermée dans mes écouteurs, j'écoute cette chanson électrique, pour qu'elle m'inspire un texte méchant, un discours d'adieu bien senti. Mes doigts courent sur le clavier :

« Merci à vous, Nathalie. En six ans de débats, en CSE, nous n'avons jamais été d'accord sur rien, ou presque. C'est normal, nous ne servons pas les mêmes intérêts. » Je m'arrête et regarde le ciel bleu d'hiver, par la fenêtre. C'est dommage de se fâcher par un si beau temps. Tant pis, je n'ai pas le choix. Je reprends mon souffle et lève les mains au-dessus des touches : la suite de mon discours m'appelle, je n'en ai pas fini avec la litanie des reproches… « Merci aussi à nos camarades de la CFDT. Oui, merci à eux pour avoir si vaillamment porté le fer contre la direction. » Des larmes me montent aux yeux. Mon ironie me semble si vaine ! Comme la colère de Lou Reed, hurlant dans mes tympans ses paroles exaspérées :
How many dollars, how many sales
How many liars, how many tales
How many insults must you take in this one life ?

Cette chanson, philippique contre la vie de bureau, m'a servi, pendant ces deux années, d'hymne secret. J'aimais son goût de rage, dans ma gorge, quand je la fredonnais dans les couloirs. C'était mon mini-Chant des partisans. Mais voilà que son énergie s'est dissipée. Je pars après-demain du journal, j'abandonne vingt ans de travail, d'efforts, de lutte aussi, et le dernier mot, la dernière carte du jeu de tarot, le sens caché de cette histoire est que tout cela n'avait aucune importance. Le capital, « ce travail mort qui suce le travail vivant », a aspiré mes ultimes forces – et mes doigts fantômes pianotent en vain. Ma chandelle est morte.

Marc passe et repasse devant ma table. Il pioche dans une bibliothèque les bouquins auxquels il tient le plus, puis les range dans un carton, sur son bureau. Cependant, presque aucun ne résiste à ses délibérations. Il soupèse le livre, lit son titre en marchant, hésite, puis le reporte dans les rayonnages. Marc est comme moi, il n'a plus envie de rien. Carole R., une troisième cheffe de service également sur le départ, nettoie frénétiquement, avec un chiffon, son clavier d'ordinateur. Délicate attention pour qui la remplacera – c'est-à-dire certainement personne. Ferdinand B., un quatrième fuyard, rêvasse derrière son écran éteint… Leur histoire, comme la mienne, s'arrête net. Nous laissons derrière nous nos discussions enflammées sur les thèmes les plus divers, la psychologie de la foule ou celle des animaux domestiques, le processus de fabrication du poisson pané ou la genèse des droits de l'homme. Ces drôles de sujets, c'étaient nos enfants, qui va les garder maintenant ? Tout cela devrait être protégé. La somme d'une vie de travail ne devrait pas tomber entre les anneaux glacials d'un boa.

Dans un coin de la salle, face à face, deux chefs de service gardent les yeux rivés sur leurs écrans. Ceux-là ont fait le choix

– poussés par des impératifs familiaux, sans doute – de ne pas prendre leur clause de cession et de rester chez Vivendi – alors ils travaillent comme si de rien n'était. À eux de se débrouiller pour sortir, en sous-effectif, un journal digne de ce nom, et pour combattre le silence qui cerne leurs gestes, dans ce bureau désormais trop grand… Ils vont faire de leur mieux, ils vont se battre bravement, mais à un moment donné, à force de penser et d'écrire trop vite, tout va se mélanger, la psychologie des poissons panés, la fabrication de la foule. Puis des managers s'aviseront que ce vieux titre, *Ça m'intéresse*, ne crache décidément plus assez d'argent et le fermeront, je le crois, sans remords… Les remords, c'est bon pour les chiens.

J-2

Autour de la grande table, entouré par les représentants du personnel et par ceux de la direction, je dis mon discours d'une voix étranglée. Nathalie m'écoute avec un sourire inaltérable. Mes impertinences glissent sur son visage comme une pluie de rosée. Elle resplendit !

Face à moi, une représentante CFDT, qui avait préparé un texte passe-partout pour me souhaiter bonne chance dans ma vie future, froisse la feuille entre ses doigts, puis la range précipitamment dans une chemise cartonnée quand elle entend les douceurs que je réserve à son syndicat. Finalement, elle ne parlera pas après moi. Va au diable ! Voilà ce que semblent me dire ses mâchoires serrées.

Non, je n'irai pas au diable, bien au contraire, je sors de son antre. Hier, un salarié des services informatique de Prisma est arrivé comme chaque matin à son travail. En ouvrant son ordinateur, il a vu une alerte sur son agenda électronique. Son supérieur lui demandait de passer le voir. Il n'était pas précisé pourquoi. Une fois qu'il est entré dans son bureau, le manager l'a prié de prendre place dans un fauteuil. Voilà, il était bien assis ? Il lui a alors signifié qu'il allait être convoqué pour un entretien préalable à un licenciement. Motif : insuffisance professionnelle – terme vague qui signifie qu'aucune faute sérieuse n'a pu, même en cherchant bien, être retenue contre lui. Simplement, au bout de dix-huit ans de maison, on l'a jugé moins performant – sans lui donner le mode d'emploi pour expliquer ça à ses enfants.

Dans un groupe financier, on n'a pas de comptes à rendre !

Jour J

Des crépons multicolores, orange, jaunes, verts, égaient le plafond de la salle de rédaction. Des nappes de papier blanc décorent les bureaux et, dessus, des piles d'assiettes en carton attendent les convives. La jeune assistante du journal a dressé ce décor en notre honneur. Marc a acheté des pains surprise chez Picard et des verres chez Franprix. On ne trinque pas avec du carton, s'est-il exclamé en alignant les ballons à côté des bouteilles de côtes-du-rhône. Marc a des principes. Dans les toilettes des filles, devant les miroirs, des salariées se donnent un coup de maquillage. Chez les garçons, on se repeigne. C'est émouvant, tout le monde veut que la fête soit réussie, chacun apporte sa touche d'élégance.

Enfin, quelqu'un ouvre une bouteille, puis une autre, et une troisième. Ces bouchons qui sautent, c'est l'ivresse qu'on libère ! Des petits groupes se forment autour des tables, des journalistes de *Géo*, de *Capital*, de *Femme Actuelle* nous ont rejoints pour nous fêter. Nous sommes sept d'un coup à partir au dernier moment de *Ça m'intéresse* !

Le vin, que j'avale à grandes gorgées rouges, me monte vite à la tête. Quelques instants plus tard, après avoir écouté les discours d'adieu de mes six collègues, je m'entends déclamer à mon tour quelques phrases un peu naïves, où je fustige « l'obsession de la rentabilité immédiate, qui n'est qu'un manque crasse d'imagination ». La nuit s'abat sur mes yeux, c'est comme si je parlais seul, au fond d'une chambre éteinte. Pour clore mon speech, je lève un verre à l'avenir. Puis un deuxième, un cinquième, un dixième. Je me tourne en tous sens, ballon à la main. Je ne sais plus où il est, l'avenir.

Après bien des embrassades, à la fin de la fête – on se rappellera, sans faute, n'est-ce pas ? –, je pars seul, dans le froid d'hiver. En traversant la cour, je sonne au « PC Sécurité », le petit local des agents de surveillance de l'immeuble Prisma. Ils sont là 24 heures sur 24. Du dehors, on ne les voit pas, les vitres de leur réduit sont masquées par un film adhésif opaque.

Un vieux gardien marocain m'ouvre la porte et m'éclaire le visage avec sa lampe torche.

– Je viens rendre mon badge, dis-je d'une voix pâteuse, protégeant de la main mes yeux éblouis.

Le gardien pointe sa lampe vers une urne transparente, posée sur une table, près de l'entrée. Je ne suis pas seul à partir cette nuit : des dizaines de cartes magnétiques rectangulaires gisent au fond de l'urne. Plus de vingt journalistes s'évadent comme moi, ce dernier jour, cette dernière nuit même. Je glisse à mon tour ma carte par la fente.

– Et la clé ? me demande le gardien.

– La clé ? Quelle clé ?

– La clé du bureau. Il faut la rendre avant de partir, insiste-t-il, caché dans l'obscurité. J'ai des ordres.

Je me rappelle un film où les deux derniers combattants d'une guerre mondiale hésitent à se mettre sur la gueule pour un point de procédure dans ce genre. Soudain, je me rappelle :

– C'est la clé de l'armoire à fournitures !

– Certainement, approuve-t-il, conciliant.

Chaque chef de service avait la sienne. Je ne m'en souvenais plus. Je la fais coulisser sur l'anneau de mon trousseau et la pose sur le comptoir.

– Alors cette fois, c'est bon, murmure le gardien, en baissant sa lampe vers le sol, au repos.

Avec une émotion sobre, il ajoute :

– Bon courage, monsieur !

Je reste une seconde les bras ballants, pensif. Je dois avoir une bien lamentable allure pour que ce vigile, guère vaillant lui-même, me prenne en pitié. Quelques pas à l'aveuglette dans la cour et la barrière de l'entrée s'ouvre devant moi. Encore une attention de mon nouvel ange gardien : pour m'éviter de m'escrimer sur la porte, il libère le passage des voitures. Je sors en titubant, mais avant de partir me retourne et crie vers les vitres opaques du PC Sécurité.

– Merci, et bon courage à vous !

J+5

Je reçois, par mail, mon solde de tout compte. D'un clic, j'ouvre fébrilement le fichier, je vais enfin savoir combien je vaux. Mes yeux courent au bas du document :

« 82 500 euros. »

Voilà la somme que me doit Prisma Media, au titre de la clause de cession, pour mes quinze ans de présence chez elle. Après ce versement (auquel s'ajoute celui de mon résidu de congés payés), nous sommes quittes, elle et moi. Je respire de toutes mes forces, mais ne sens rien. L'oxygène évite mes poumons et mes paupières ne clignent plus que par réflexe. En filigrane, dans cette lettre, il y a une bonne et une mauvaise nouvelle. La bonne : je viens d'hériter et je suis donc riche ! La mauvaise : c'est de moi-même, et je suis donc mort.

Vincent (s'il permet que je l'appelle ainsi, à l'instant de le quitter) a pour sa part soixante-dix ans, huit de plus que moi. Quand tirera-t-il sa révérence ? Il avait promis de le faire en février 2022, à l'occasion du bicentenaire de l'entreprise Bolloré, peu avant son soixante-dixième anniversaire. En janvier 2022 encore, minaudant devant les sénateurs de la Commission d'enquête sénatoriale, il déclarait qu'il ne fallait plus faire grand cas de lui, qu'il était bon à mettre au rancart. Et puis voilà, au dernier moment, à cause (ou sous prétexte) de la Covid et des incertitudes internationales, il a jugé plus sage de rester encore aux affaires, tel un phare dans la tempête. Par la même occasion, il a échappé – contrairement à moi – à l'heure du solde de tout compte.

Je suis financièrement mort, je ne produirai plus la moindre richesse, je ne suis plus qu'une charge sociale, tandis que Bolloré, lui, se survivra toujours à lui-même : la ligne du bas, celle affichant son bilan comptable, n'arrêtera jamais de grimper. Le profit, c'est la vie ! disent ses yeux fiévreux, insatiables. Sur les dernières photos de lui, dans les journaux, son visage s'est creusé, sa peau burinée, il finit par ressembler à ses ancêtres, ces « hardis marins bretons » chantés par la légende familiale. Il porte la marque non pas des assauts livrés contre des corsaires, mais celle des OPA et des tempêtes de la Bourse. Surtout, il paye, physiquement, de sa propre personne, son tribut au « capital vampire », la divinité chère à Karl Marx.

Saint Vincent, protégez les dividendes, protégez-les jusqu'au bout, jusqu'au-delà du bout. Il y a toujours un dernier centime à gratter, à tirer, à arracher, ou plutôt un avant-dernier, car la perfection financière n'est pas de ce monde – et tant mieux, ça laisse de la marge ! On peut exiger, éternellement, un peu plus de travail, pour un peu moins de contrepartie, à ces incompétents de salariés… Et puis, en dernier recours, il n'y a plus qu'à les virer, comme ce malheureux cadre des services informatiques. Bing, tombé au bout de dix-huit ans : pas de chance, il traînait au mauvais moment sur la mauvaise ligne comptable.

À la fin du dernier CSE, Nathalie a tenu à offrir une coupe de champagne aux représentants du personnel sur le départ – quatre autres que moi prenaient leur clause de cession à la fin novembre. Elle m'a demandé, en trinquant avec moi (« plop », ont fait nos verres en plastique) :

– Et vous Jean-Marie, qu'allez-vous faire, maintenant ?

Elle m'a souri, sans rancune. Je me suis enfoncé dans ses grands yeux verts, et ç'a été comme si je traversais le tunnel du temps. Je me suis rappelé ce dimanche où elle m'avait appelé au téléphone pour convoquer un CSE annoncé comme « purement technique » – où elle s'apprêtait en réalité à nous apprendre notre rachat par Vivendi. C'était il y a déjà presque deux ans.

À cette époque, la razzia de Bolloré sur les médias hexagonaux était déjà largement engagée. Canal+, CNews, C8, mais aussi le numéro 2 de l'édition française, Editis, étaient dans ses filets. Puis, à la faveur d'une OPA, Vivendi est devenu actionnaire majoritaire chez Lagardère. Les fleurons de ce gigantesque groupe,

Hachette, *Paris Match*, *Le Journal du Dimanche*, Europe 1, sont alors tombés dans son escarcelle…

Dans ces médias, le Boa a promu des hommes de confiance, qui semblent lui être infiniment dévoués et auxquels il accorderait une protection presque sans limite. L'un d'entre eux a été condamné pour corruption de mineurs[1], un autre pour des propos racistes. Un troisième s'est permis d'insulter un député, le traitant à l'antenne de « merde ». Or les trois ont conservé leur poste.

Pourquoi ? Parce que au-dessus des lois, au-dessus de l'opinion publique, au-dessus même de la décence, voire de la vraisemblance, il y a l'argent. Grâce à lui, le Boa peut imposer ses trois loustics à l'antenne. Il semble en mesure de faire ce qu'il veut, accorder, par exemple, la couverture de *Paris Match* à un cardinal aussi inconnu que réactionnaire. Peut-être n'a-t-il même pas directement dicté ce choix : des exécutants, qui sait, ont cru le satisfaire en chantant les louanges de ce prélat. Forcer les gens à deviner vos désirs, gouverner par le silence. Quelle ivresse… Éprouver le pouvoir infini de l'argent sur les êtres, et sur l'ordre des choses.

Et Prisma Media, dans tout cela ? Nous autres salariés nous sommes souvent demandé pourquoi, en ce satané mois de décembre 2020, Vivendi s'était abattu sur nous. Pourquoi diable le Boa avait-il cru bon de nous racheter ? Parce que nous étions le « premier groupe de presse magazine de France », comme aimait à nous présenter, avantageusement, notre actionnaire d'alors, l'Allemand Bertelsmann, avec ses titres historiques, *Géo*, *Capital*, *Femme Actuelle* ? À la vérité, l'éclat de ces journaux avait pâli – le

1. Il s'agit de Jean-Marc Morandini. Précisons qu'à ce jour il a fait appel et demeure donc présumé innocent.

groupe était déjà en recul. Voilà pourquoi, d'ailleurs, Bertelsmann ne nous vendait pas très cher, autour de 170 millions d'euros. Alors, entre deux raids sur des chaînes de télévision ou des stations de radio prestigieuses, Vincent Bolloré nous a sans doute acquis en passant, comme on fait du shopping un jour d'ennui.

Je me souviens, c'est ce qui m'a vexé, ce sentiment que nous étions la cinquième roue du carrosse Vivendi, le bijou fantaisie de son trésor. D'ailleurs, alors que les médias dénonçaient à grands cris l'emprise de Bolloré sur Canal+, Europe 1 ou Editis, nul ne s'inquiétait pour nous ! Je me suis donc dit que j'allais tout raconter de l'intérieur – la tragédie ordinaire d'un groupe de presse sur le déclin, racheté pour trois sous par un empire financier cherchant, par réflexe, à en tirer quatre.

Un truc bête comme chou. L'histoire d'hommes et de femmes perdant, pour certains, leur emploi et pour d'autres, plus gravement encore, le sens de cet emploi. L'histoire de managers sacrifiant leur dignité pour sauver leur salaire ou parfois, rarement, l'inverse, mais alors au prix fort. L'histoire de journalistes essayant de faire correctement leur travail, et qui comprennent que c'est peine perdue. Surtout, au bout du compte, au bout du bout du compte, une certitude qui se dégage, jour après jour, pour chacun·e des salarié·e·s : je ne vaux pas grand-chose. Voilà ce qu'il me dit, le miroir du matin. Alors pourquoi ne pas partir, et ne valoir plus rien ? On dit couramment que les gens ne sont pas irremplaçables. Notre sort est plus amer encore : nous ne méritons même pas d'être remplacés. Présents, absents, quelle différence ? Ah si : des salaires économisés. Bref, bref… Je regarde les bulles de champagne qui s'accrochent aux parois de ma flûte en plastique.

– Vous ne m'avez pas dit, Jean-Marie ! Vous allez faire quoi ? insiste Nathalie.

Je vais commencer par me réveiller, Nathalie. Enfin, je vais essayer…

Tout un programme…

Alors, pour conclure, c'est quoi le monde selon Bolloré ? Ça se passe comment, chez lui ? C'est quoi son style, son secret, sa méthode ? Voilà deux ou trois choses que j'ai cru comprendre, après avoir travaillé deux ans pour lui.

Commençons par les compliments. Les oreilles vont lui tinter – comme si je faisais ruisseler près d'elles des poignées de sequins. D'abord, en un mot comme en cent (millions), reconnaissons que Bolloré est doué pour l'argent. Comme il le dit et le répète sans forfanterie, il sait faire fructifier les entreprises qu'il avale, les actionnaires peuvent accrocher, sans trop de crainte, leur bas de laine à son panache blanc, il y a des chances que ça crache dans son sillage. Pourtant, ses opérations ne sont pas toujours gagnées d'avance ! Quand il a jeté son dévolu sur Canal+, la chaîne cryptée semblait malade, ses téléspectateurs payants la désertaient, les pertes s'y accumulaient. Neuf ans plus tard, les comptes sont au vert et les abonnés n'ont jamais été si nombreux (9,5 millions en France, 25,5 dans le monde[1]).

1. Chiffres Vivendi 2022.
https://www.vivendi.com/wp-content/uploads/2023/03/20230308_VIV_CP_Resultats-2022-Vivendi.pdf

Et chez Prisma Media, l'entreprise de presse magazine où je travaillais et dont il s'est emparé en juin 2021 ? Eh bien, les premiers résultats, sous sa direction, sont honorables. En 2022, le chiffre d'affaires est resté stable, autour de 320 millions, pour des bénéfices bruts de 31 millions d'euros[1]. En ces temps économiques chahutés, le hardi marin breton semble tenir la barre.

Plus largement, l'empire Vivendi ne cesse de prospérer. Son bilan en témoigne : en 2022 les bénéfices bruts du groupe s'élèvent à 868 millions d'euros.

Pourtant, et c'est l'envers du magot, ces courbes de croissance avantageuses cachent, à mes yeux, une anorexie économique, un appauvrissement vertigineux. C'est le fameux « travail mort se nourrissant de travail vivant » évoqué par Marx. Prenez le redressement de Canal+. Il n'a pas été obtenu avant tout – du moins me semble-t-il – par des idées géniales, des émissions novatrices, mais d'abord par un plan de départs volontaires de plus de cinq cents salariés, en 2019-2020, délestant la colonne des dépenses. En fait, c'est de l'argent triste, presque morbide… Canal s'est enrichi en dilapidant son capital humain – « ah ! ah ! ah ! », rires des financiers.

Même dégraissage chez Prisma Media, dans le groupe pour lequel je travaillais, où près de la moitié des journalistes sont sortis des effectifs en 2021-2022 – environ cent quatre-vingts permanents plus cinquante pigistes. Même s'il y a eu des remplacements, les journaux papier sont donc produits désormais avec moins de salariés. À terme, l'opération permettra peut-être de maximiser les profits, mais avant, je redoute plutôt une perte de qualité – « ah ! ah ! ah ! » (*bis*).

1. *Idem.*

C'est ça, la télévision et la presse modernes. Un apprentissage douloureux du *low cost*… Un reportage est meilleur, dans la plupart des cas, si on a deux jours pour l'écrire plutôt que deux heures. Si trois personnes le relisent au lieu d'une, ou au moins une au lieu de zéro. Si on s'accorde le temps de chercher son titre pendant quelques dizaines de minutes plutôt que de prendre le premier qui vous passe par la tête. Si les journalistes qui l'écrivent sont correctement rétribués… Ah oui, un reportage est meilleur, aussi, si son sujet a été décidé librement, et non pour plaire, ou ne pas déplaire, à tel ou tel annonceur publicitaire… Autant de choix dictés, ou non, par l'argent. Quand l'arbitrage est trop souvent rendu en faveur de ce dernier, ce n'est plus un journal que vous avez entre vos mains, mais une page morte, un fantôme de journal. Une braderie de l'information. Nous subissons d'ailleurs cette paupérisation de la presse et des médias depuis des décennies. Bolloré ne s'est pas fait en un jour – Cyril Hanouna non plus. Rappelez-vous la 5, la chaîne de Silvio Berlusconi, née il y a trente-huit ans : c'était déjà une cure de vulgarité. Rappelez-vous aussi les premiers quotidiens gratuits, voici vingt et un ans, et leurs colonnes pleines de phrases toutes faites. Ces trucs-là, plus on en voit, plus on en lit, et plus on s'y fait. L'exigence, l'esprit critique se mettent lentement en sourdine. Nous nous y sommes habitués, nous étions mûrs pour Bolloré…

Mais ce n'est pas tout. L'homme ne se contente pas de faire le vide au sein des rédactions – dans le but de remplir les poches de ses actionnaires. Il ne serait alors qu'un vulgaire *cost killer* comme il y en a bien d'autres dans les médias français. Lui, en plus, il a des programmes à faire passer, ou plutôt un programme. Et là, attention les yeux ! Un jour, on entend qu'il aurait interdit un reportage épinglant son ami Nicolas Sarkozy. Un autre qu'il aurait exigé des modifications dans un téléfilm historique – trop critique, selon lui, à l'égard de l'Église. Il aurait aussi imposé en première page d'un magazine un sujet sur un cardinal ultraconservateur, et sur l'une de ses chaînes un téléfilm antiavortement. Il aurait appuyé la candidature d'un éditorialiste d'extrême droite aux élections présidentielles, etc. À l'instant même où je l'énonce, cette liste me paraît inconcevable, cauchemardesque. C'est trop gros pour être vrai. Pourtant, un peu comme le Dieu de Pascal, le Boa me semble partout et nulle part à la fois. Capable de licencier du jour au lendemain les journalistes qui lui résistent, de placer des fidèles, aux idées aussi droitières que les siennes, à la tête des maisons d'édition, des chaînes de télé. Toujours sans intervenir publiquement – car Vincent Bolloré ne donne quasiment pas d'interview, comme un marionnettiste habile, qui tirerait les ficelles en restant invisible.

Jusqu'où ira-t-il ? Où s'arrêtera son emprise sur la vie intellectuelle, culturelle et même politique française ? Tandis que j'écris ces lignes (7 juillet 2023), Vivendi semble sur le point – ayant quasiment reçu le feu vert de la commission européenne – d'avaler le géant des médias Lagardère, avec ses maisons d'édition, ses radios, ses journaux. Déjà, dans l'un d'entre eux, *Le Journal du Dimanche*, a été nommé un nouveau directeur de la rédaction, Geoffroy Lejeune, transfuge du magazine d'extrême droite *Valeurs actuelles* et admirateur de longue date d'Éric Zemmour. Il lui a consacré un roman, dès 2015, imaginant son arrivée au pouvoir ! Il l'a aussi qualifié, dans une interview sur France 2, dans l'émission « On n'est pas couché », de « phare dans la nuit » politique française…

Et cet homme, disons clivant, s'installerait à la tête de cette publication, jusqu'alors familiale et consensuelle, qu'est, ou qu'était, *Le Journal du Dimanche*. Un titre fondé par Pierre Lazareff, monstre sacré de la presse française, en 1948… Les salariés du *JDD* ne sont pas des boutefeux, mais ils ont bien senti que quelque chose de grave était en train de leur arriver. Ils n'ont eu d'autre choix que de déclencher une grève le 21 juin dernier pour réclamer le retrait de Geoffroy Lejeune. Elle dure déjà depuis trois semaines. Trois dimanches de suite, le journal n'a pas paru (ce qui n'était jamais arrivé dans son histoire), mais la direction ne cède pas.

Voilà, voilà… Aux toutes dernières nouvelles, Vivendi ambitionne aussi de racheter l'une des plus célèbres librairies parisiennes, L'Écume des pages, réputée – jusqu'à présent – pour son indépendance.

Et après ? L'empire du Boa se sera-t-il encore étendu, à l'instant où vous lisez ces lignes ? Il n'est pas interdit de le craindre.

Générique de fin (en guise de remerciements)

Quelle étrange aventure que ce livre !

Pendant deux ans, je me suis inspiré, pour l'écrire, des 1 100 salarié·e·s de l'entreprise Prisma Media que je côtoyais à Gennevilliers. Merci à toutes et tous… J'espère avoir traduit un peu de leur intelligence, individuelle et collective. Je suis particulièrement reconnaissant à mes camarades de l'intersyndicale SNJ-CGT pour tous les moments d'indignation, de lutte, d'assemblées générales, de distributions de tracts que nous avons partagés. Ces souvenirs m'accompagnent. Je me rappelle aussi mes collègues du magazine *Ça m'intéresse* et nos échanges sans fin sur un sujet, une idée, ou même un simple titre. Ça a fait mes jours, mes semaines, ma vie…

Je voudrais aussi saluer les ami·e·s et proches qui ont rendu la conception de ce récit possible en partageant son secret – il aurait été trop lourd à porter, pendant deux ans, pour moi seul. Merci à Marie-Claire, ma précieuse lectrice. Merci à Céline, qui m'a tout à la fois soutenu et supporté pendant cette longue période. Merci enfin à Lisa, Basile et Catherine, de leur silence complice.

Table

Mise en pages : Anne Offredo, Valravillon

Cet ouvrage a été achevé d'imprimer (Roto-Page)
sur papier PEFC, qui garantit
une gestion durable des forêts,
en août 2023 par l'Imprimerie Floch

N° d'imprimeur : 103052
Dépôt légal : septembre 2023
ISBN : 978-2-38482-038-2
Imprimé en France